Lektürehilfen Thomas Mann „Der Tod in Venedig“

von Eberhard Hermes

Ernst Klett Verlag

Alle Seitenangaben zum Text der Novelle beziehen sich auf die Taschenbuchausgabe:
Thomas Mann: Der Tod in Venedig und andere Novellen, Fischer Taschenbuch 54, Frankfurt am Main 1954, viele Auflagen, S. 7–68

CIP-Kurztitelaufnahme der Deutschen Bibliothek

Hermes, Eberhard:
Lektürehilfen Thomas Mann,
„Der Tod in Venedig" / von Eberhard Hermes.
1. Aufl. – Stuttgart: Klett, 1987.
ISBN 3-12-922301-0

ISBN 3-12-922301-0

1. Auflage 1987

Gesamtherstellung: Wilhelm Röck, Weinsberg
Einbandgestaltung: Hitz und Mahn, Stuttgart

Inhalt

Zu diesem Buch

Die 1911 entstandene Novelle ‚Der Tod in Venedig' von Thomas Mann (1875–1955) hat eine erstaunliche, bis heute anhaltende Wirkung gehabt: Sie ist allein in der deutschen Taschenbuchausgabe in mehr als 1 Mill. Exemplaren verbreitet, wurde in zahlreiche Sprachen übersetzt und gehört in vielen Ländern der Welt zur Schullektüre. Luchino Visconti hat sie 1970 verfilmt, Benjamin Britten 1973 als Oper vertont. Wie ist ein derartiges Interesse zu erklären, wenn man bedenkt, daß der Novelle keine besonders spannende Fabel zugrunde liegt? Es dreht sich ja nur um einen alternden Schriftsteller, der überarbeitet ist, in Venedig Erholung sucht, sich dort in einen hübschen Jungen vernarrt und an der Cholera stirbt. Doch hat man immer wieder an Inhalt und Form der Novelle zwei Vorzüge gerühmt, die ihr einen einzigartigen Reiz verleihen:

1. Das Werk gibt – kurz vor Ausbruch des Ersten Weltkrieges – ein Bild der europäischen ‚Abendstimmung', gestaltet die Atmosphäre einer zu Ende gehenden Kultur.
2. Sein Dichter spielt mit höchster Virtuosität auf dem Instrument dieser Kultur, so daß ein formal gelungenes Werk entstanden ist, das ganz mühelos wirkt.

Um diese Vorzüge der Novelle zu erkennen, ist es erforderlich, den Schein der Mühelosigkeit zu durchbrechen, indem man die vielen symbolischen Bedeutungen entschlüsselt, die zahlreichen mythologischen und literarischen Anspielungen nachvollzieht und sich in das Spiel der leitmotivischen Verflechtung mit Vorausweisungen und Rückspiegelungen einläßt, welche die Lektüre des Werkes spannend machen. Die Aufmerksamkeit hierfür entsteht beim genauen Lesen. Hierzu soll eine ausführliche und detaillierte Inhaltsangabe Hilfe bieten. Sie weist bereits auf all die Einzelheiten hin, die in den folgenden Kapiteln unter den für eine Interpretation zentralen Gesichtspunkten behandelt werden (Thematik, Komposition, Erzählweise, Stil usw.), damit ein tieferes Verständnis der Novelle möglich wird. Biographisches Hintergrundwissen, die Kenntnis unterschiedlicher Interpretationsansätze sowie ein Vergleich mit Viscontis Film geben dem Leser zusätzliche Verständnishilfen. Anmerkungen zum Novellentext erleichtern das Verständnis von Anspielungen und symbolischen Bedeutungen; eine alphabetische Liste von Worterklärungen erläutert den Sinn von Wörtern, die dem heutigen Leser nicht mehr geläufig sind.

Der inhaltliche Aufbau

1. Abschnitt (S. 7–11): Fluchtdrang

Das einführende Kapitel zeigt den Helden der Novelle, den Schriftsteller Gustav Aschenbach, in einer persönlichen Krise. Diese Einführung geschieht in drei Abschnitten.

Warten auf die Straßenbahn (S. 7/8)

(1) Aschenbach, geistig überanstrengt von der Arbeit am Schreibtisch, wo ihm die Formulierung einer besonders schwierigen Stelle zu schaffen machte, hat zur Erholung einen längeren Spaziergang gemacht und wartet nun am ‚Nördlichen Friedhof' Münchens auf die Straßenbahn, um in die Stadt zurückzukehren. Das Wetter ist anstrengend: Obwohl erst Anfang Mai, ist „ein falscher Hochsommer eingefallen". Der Platz ist menschenleer, und Aschenbach geht am Friedhof und den Grabsteinmetzereien auf und ab. Er sieht ein „byzantinisches Bauwerk", „griechische Kreuze und hieratische Schildereien" und liest allerlei den Tod betreffende Inschriften, wobei er ins Träumen gerät.

Erscheinung des Wanderers (S. 8/9)

(2) Plötzlich bemerkt Aschenbach vor dem Friedhof einen Mann von ungewöhnlicher Erscheinung, der „seinen Gedanken eine völlig andere Richtung" gibt. Der Mann wird genau beschrieben: Er ist mager, bartlos, stumpfnäsig, rothaarig, sommersprossig, trägt einen Basthut, stützt sich, „bei gekreuzten Füßen", auf einen Stock, hat einen auffälligen Adamsapfel, zurücktretende Lippen und ein bloßliegendes Gebiß. Er hat etwas „Fremdländisches und Weitherkommendes" an sich. Sein Blick, mit dem er ihn ansieht, als sei er „gesonnen, die Sache aufs Äußerste zu treiben", irritiert Aschenbach, so daß er sich abwendet, seinen Weg fortsetzt und den Mann vergißt. Doch hat „das Wanderhafte in der Erscheinung des Fremden" zur Folge, daß

Aschenbach eine „seltsame Ausweitung seines Innern“ erlebt: Er verspürt „ein jugendlich durstiges Verlangen in die Ferne“, das er sogleich als „Reiselust, nichts weiter“ interpretiert. Dann stellt ihm seine (vom Schreiben her noch angespannte) Einbildungskraft diese Ferne als eine tropische Sumpflandschaft, eine „Urweltwildnis aus Inseln, Morästen und Schlamm führenden Wasserarmen“ vor Augen, malt sie mit seltsamen Bäumen, großen Blumen und fremdartigen Vögeln aus und läßt sogar die „Lichter eines kauernden Tigers“ durch das Bambusdickicht funkeln. Entsetzen mischt sich bei Aschenbach mit „rätselhaftem Verlangen“. Doch „das Gesicht“ weicht, und Aschenbach nimmt „mit einem Kopfschütteln“ seinen Gang wieder auf.

Aschenbachs Vision von der Urweltwildnis (S. 9)

(3) Wie der Tempuswechsel andeutet („er hatte ... betrachtet“), wird der Strom der Erzählung dann zunächst durch eine Rückblende unterbrochen, die das Ungewöhnliche von Aschenbachs Drang in die Ferne hervorhebt. Denn dieser hatte bisher sein Leben völlig der literarischen Produktion gewidmet, war nur gereist, wenn Erholung nötig war, nie über Europa hinaus. Ja, er hatte sich, als er älter wurde, aufgrund der „Künstlerfurcht, nicht fertig zu werden“, ganz auf München und sein Landhaus im Gebirge beschränkt. Zur Situation am Nordfriedhof zurückkehrend, geht der Erzähler nun darauf ein, wie Aschenbach die Begegnung mit dem Wanderer und die dadurch ausgelöste Vision verarbeitet. Sein Bericht geht allmählich in ‚erlebte Rede‘ über, d. h. Aschenbachs Gedanken werden wiedergegeben, mit denen er den plötzlich aufgekommenen „Fluchtdrang“ mit seinem bisherigen Lebensstil und Selbstverständnis zu vereinbaren versucht. Dabei werden die Andeutungen der Rückblende – nunmehr in der Perspektive Aschenbachs selbst – näher ausgeführt, so daß die Krise deutlich wird, in der sich der Dichter befindet. Er faßt seine schriftstellerische Arbeit als einen „Dienst“ auf, vergleichbar dem eines Soldaten, worauf die Wortwahl hinweist („Kampf“, „Handstreich“, „Angriff“). Einerseits liebt er diesen Dienst, den täglichen Kampf zwischen Arbeitswillen und Müdigkeit,

Lebensweise, Arbeitsstil und Reisegewohnheiten Aschenbachs (S. 9/10)

Verarbeitung des Erlebnisses am Nordfriedhof (S. 10/11)

andererseits lähmt ihn „eine durch nichts mehr zu befriedigende Ungenügsamkeit", die es ihm verbietet, „sich mit einem fröhlichen Ungefähr und mit einer halben Vollkommenheit zu begnügen". Diese Ungenügsamkeit sieht er freilich „als Wesen und innerste Natur des Talentes" an, d. h. als Preis, den er für Werk, Dienst und Meisterschaft zu zahlen hat. Nie mit dem Erreichten zufrieden zu sein, hat aber zur Voraussetzung, daß „das Gefühl gezügelt und erkältet" wird. Deshalb fürchtet Aschenbach, daß die plötzlich erlebte „Begierde nach Befreiung, Entbürdung und Vergessen" sozusagen die Rache der „geknechteten Empfindung" sei, die dazu führen könnte, daß sein Werk die „Merkmale feurig spielender Laune" verliert, die seinen Erfolg ausmachen. Aus solchen Überlegungen schließt Aschenbach, daß der übliche „Sommer auf dem Lande", den er nur mit Magd und Diener allein am gewohnten Ort verbringen würde, zur Lösung seiner Krise nicht ausreiche. Vielmehr tat

Ungenügsamkeit als Wesen und Natur der künstlerischen Begabung (S. 10)

Reiseentschluß Aschenbachs (S. 11)

> „eine Einschaltung not, etwas Stegreifdasein, Tagedieberei, Fernluft und Zufuhr neuen Blutes ..." (S. 11).

Die Vision von der „Urweltwildnis" bringt Aschenbach auf alltägliche Maße zurück: „Reisen also ...", wenn auch nicht gerade „bis zu den Tigern". Mit den Worten „so dachte er" geht die ‚erlebte Rede' wieder in Erzählerbericht über, der den Kapitelschluß mit der Erscheinung der Wanderergestalt verbindet. Die Straßenbahn kommt, Aschenbach fällt der „Mann mit dem Basthut" wieder ein, er hält nach ihm Ausschau, doch „wurde ihm dessen Verbleib nicht deutlich".

Vorstellungen des Lesers am Ende des Kapitels

Dem Leser geht es bei der Lektüre des Kapitels ein wenig anders als dem Helden. Während Aschenbach den seltsamen Wanderer „in der nächsten Minute vergessen" hat, während er sich von der eigenartigen Urweltvision „mit einem Kopfschütteln" wieder der Tagesordnung, nämlich seinen Plänen für den Sommerurlaub zuwendet, denkt der Leser über den Zusammenhang aller Details nach, die der Erzähler in die kurze Szene an der Trambahnhaltestelle eingefügt hat. Er kennt ja schon den Titel der Novelle;

und so vermag er in dem „byzantinischen Bauwerk“, in den „griechischen Kreuzen und hieratischen Schildereien“ die Anspielung auf den Markusdom von Venedig, in der Wasserlandschaft des „Gesichts“ die Ähnlichkeit mit der Lagune, in der Physiognomie des aus dem Friedhofseingang tretenden Fremden die Gestalt von ‚Gevatter Tod‘ zu erkennen, versieht er Aschenbachs „Besorgnis, die Uhr möchte abgelaufen sein“, mit tieferer Bedeutung und ahnt, daß Aschenbachs Reise nach Venedig und in den Tod führen wird.

2. Abschnitt (S. 11–17): Leben und Werk Aschenbachs

Im nächsten Kapitel ist jedoch von Reisen keine Rede mehr. Vielmehr tritt jetzt das Thema in den Vordergrund, das im ersten Kapitel mit den Begriffen „Dienst“, „Arbeit“ und „Meisterschaft“ angesprochen worden war: Person und Werk des großen Autors werden vorgestellt, wobei nacheinander sechs Punkte behandelt werden:

Aschenbachs Werke (S. 11)

(1) Dem Namen „Gustav Aschenbach“, der das Subjekt des ersten Satzes bildet, ist ein Katalog der „Werke seiner Reifezeit“, vorgeschaltet, deren Bedeutung hervorgehoben wird. Erst dann gibt es Mitteilungen zur Person des Schriftstellers.

Seine Herkunft (S. 11/12)

(2) Aschenbach wird als Nachkomme von Offizieren, Beamten usw. bezeichnet, die „im Dienste des Königs“ gestanden und ein einfaches Leben geführt haben. Seine Mutter habe Künstlerblut in die Familie gebracht, so daß sich in Aschenbach „Gewissenhaftigkeit“ mit „dunkleren, feurigeren Impulsen“ mische.

Werdegang des Dichters (S. 12/13)

(3) Aschenbach war bereits als Gymnasiast bekannt, zehn Jahre später berühmt. Er führte einen ausgedehnten Briefwechsel; Leute aus allen Ecken der Welt schrieben ihm. Sein Stil gefiel sowohl dem

„breiten Publikum“ wie auch den „Wählerischen“. Von Jugend an „auf die Leistung – und zwar die außerordentliche – verpflichtet“, hatte er nie Muße und Spaß am Leben kennengelernt. Dabei war er von labiler Gesundheit, hatte deshalb auch keine öffentliche Schule besucht, sondern Hauslehrer gehabt. Sein „Lieblingswort“ sei ‚Durchhalten‘ gewesen, der „Inbegriff leidend-tätiger Tugend“, den er in seinem Roman über Friedrich II. von Preußen dichterisch gestaltet habe.

Lebensstil und Arbeitsweise Aschenbachs (S. 13/14)

(4) Er führte ein Leben voller „Zucht“, stand früh auf und rang sich seine Werke in regelmäßigen „kleinen Tagewerken“ ab. Es sei die gleiche „Willensdauer und Zähigkeit“ gewesen, mit der sein Romanheld Friedrich der Große einst seine Heimat Schlesien erobert habe. An dieser Stelle kommt nun eine längere Erörterung der Frage, worauf die Wirkung eines erfolgreichen literarischen Werkes zurückzuführen sei. Der Erzähler nimmt eine „Übereinstimmung zwischen dem persönlichen Schicksal seines Urhebers und dem allgemeinen des mitlebenden Geschlechts“ als wichtigste Bedingung der Wirkung an. Und diese Übereinstimmung wird nun für Aschenbach und seine Leser in der Erfahrung gefunden, daß „beinahe alles Große, was dastehe, als ein Trotzdem dastehe“. Für diese Haltung, ‚die Zähne aufeinanderzubeißen und ruhig dazustehen‘, „während … die Schwerter und Speere durch den Leib gehen“, wird die „Sebastian-Gestalt“ als Sinnbild angeführt, welches den „Heroismus … der Schwäche“ verkörpert. Und mit eben diesem Selbstverständnis des Künstlers Aschenbach können sich seine Leser identifizieren, mit Thomas Manns Worten:

„Heroismus der Schwäche“

> „Gustav Aschenbach war der Dichter all derer, die am Rande der Erschöpfung arbeiten …“

Diese seien die „Helden des Zeitalters“ und als Leser Aschenbachs Ursache für dessen Ruhm.

(5) Nun setzt der Erzähler noch einmal neu an (Tempuswechsel: „er *war* jung und roh *gewesen* …“), um

Aschenbachs Werdegang unter dem Gesichtspunkt des „fragwürdigen Wesens der Kunst, des Künstlertums selbst" zu verdeutlichen. Dabei unterscheidet er in seinem Kommentar, den er dem Erzählerbericht beigibt, ausdrücklich die Kunstauffassung des zum „Meister gewordenen Mannes" von der Haltung des „jugendlichen Künstlers" Aschenbach und bezeichnet seine „Entwicklung" als einen „Aufstieg zur Würde". Während der Jüngling „mit der Zeit" gegangen, „problematisch" und „unbedingt" gewesen sei und die Gleichaltrigen „durch seine Zynismen ... in Atem gehalten", ja, „die Kunst verraten" habe, bestehe dieser „Aufstieg zur Würde" darin, daß der reife Aschenbach „alle Hemmungen des Zweifels und der Ironie" hinter sich gelassen und sich dazu entschlossen habe, „das Wissen zu leugnen, es abzulehnen". Was mit dieser Wandlung gemeint ist, wird am Beispiel der „berühmten Erzählung vom ‚Elenden' ..." verdeutlicht: Mit ihr habe Aschenbach „den unanständigen Psychologismus der Zeit" überwunden, sich „von allem moralischen Zweifelsinn, von jeder Sympathie mit dem Abgrund" abgekehrt und „die Laxheit des Mitleidsatzes, daß alles verstehen alles verzeihen heiße", verurteilt. Eine solche „Laxheit" zeige nämlich die Hauptfigur jener Erzählung in ihrem Verhalten, das der Dichter mit der „Wucht des Wortes" als falsch herausgestellt habe. So habe sich in diesem Werk ein „Wunder der wiedergeborenen Unbefangenheit" ereignet. Mit dem Ausruf „Seltsame Zusammenhänge!" eröffnet der Erzähler hier eine Reihe von Fragen, mit denen er Aschenbachs „Aufstieg zur Würde" problematisiert: Er fragt, wie Aschenbachs „Meisterlichkeit und Klassizität" mit jener Ablehnung psychologischen Verständnisses zusammenhänge, inwieweit diese Ablehnung und die damit verbundene „moralische Entschlossenheit jenseits des Wissens" zu einer naiven Weltsicht führe und ein „Erstarken zum Bösen" zur Folge haben könnte, und schließlich, ob „Form nicht zweierlei Gesicht" habe, „sittlich und unsittlich zugleich" sei. Mit den Worten „Wie dem auch sei!" bricht der Erzähler ab und charakterisiert den Lebensstil und die Schreibweise des reifen Aschen-

Aschenbachs Aufstieg zur Würde (S. 14–16)

Die Erzählung vom „Elenden"

Erzählerkommentar zu Aschenbachs „Aufstieg zur Würde"

bach, indem er erwähnt, wie dieser einsam lebt, berühmt wird, sein Werk in den Lektürekanon der Schulen aufgenommen und ihm selbst der „persönliche Adel“ verliehen wird.

Aschenbachs Äußeres (S. 16/17)

(6) Im Schlußabschnitt des Kapitels werden zunächst Angaben über Wohnsitz, Eheschließung und Kinder Aschenbachs wie eine Nebensache abgetan. Dann erfolgt eine genaue Beschreibung seiner Gesichtszüge. Daran schließt sich ein Erzählerkommentar über das Verhältnis von Kunst und wirklichem Leben: Aschenbachs Gesichtszüge machten den Eindruck, als habe ein „schweres, bewegtes Leben“ seine Spuren dort hinterlassen, doch sei es die Kunst gewesen, welche die »Durchbildung« dieses Gesichts bewirkt habe, die Kunst als eine Art „erhöhtes Leben“. Trotz der „klösterlichen Stille des äußeren Daseins“, d. h. eines Verzichts auf reales Leben, ist das Äußere Aschenbachs von den „imaginären und geistigen Abenteuern“ geprägt worden, also von einem Leben, das nur in Gedanken stattgefunden hat.

Vorstellungen des Lesers am Ende des Kapitels

Der Leser fragt sich, wenn er hier an das Ende des ersten Kapitels zurückdenkt, das seine Erwartung in die Zukunft, auf Aschenbachs Sommerreise lenkte, warum die Erzählung im zweiten Kapitel ihre Richtung völlig umgekehrt hat. Warum wird Aschenbachs Werdegang hier abschließend – wie in einem Nachruf – zusammengefaßt? Welcher Zusammenhang wird sich zwischen der Reise nach Venedig und jenem Werdegang ergeben, der den Helden einst aus einer Phase des Problematisierens, des psychologischen Verständnisses, des Hinterfragens der geltenden Moral auf die Höhe der musterhaften Klassizität geführt hat? Welche Bedeutung wird die Frage des kommentierenden Erzählers, ob „Form nicht zweierlei Gesicht“ habe, für den weiteren Gang der Handlung haben? Diese Fragen nimmt der Leser in die Lektüre der folgenden drei Kapitel mit.

3. Abschnitt (S. 17–39): Die Reise nach Venedig

Das dritte ist das längste der fünf Kapitel, gut dreimal so lang wie das vorhergehende. Eine grobe Dreiteilung ergibt sich durch die chronologische Gliederung.

Umweg über Istrien und Ankunft in Venedig (S. 17–28)

(1) Aschenbach begibt sich zunächst nach Triest und von dort per Schiff nach Pola. Er nimmt Aufenthalt auf einer Adria-Insel, wo er jedoch „nicht das Bewußtsein" hat, „den Ort seiner Bestimmung getroffen zu haben". Eine innere Unruhe zieht ihn weiter:

> „Wenn man über Nacht das Unvergleichliche, das märchenhaft Abweichende zu erreichen wünschte, wohin ging man? Aber das war klar. Was sollte er hier? Er war fehlgegangen ..."

Der Schiffszahlmeister

Folgerichtig besteigt er einen Dampfer nach Venedig, „ein betagtes Fahrzeug ..., veraltet, rußig und düster", wo ihm allerlei Seltsames passiert. Da ist zunächst der Mann, der ihm die Fahrkarte verkauft, Venedig „ein glücklich gewähltes Reiseziel" nennt und Aschenbach „gute Unterhaltung" wünscht. Daß kein anderer Reisender „nach Abfertigung verlangt", Aschenbach also mit dem „ziegenbärtigen Mann" allein ist, erinnert an die Szene vor dem Münchener Nordfriedhof, wo der Platz, auf dem der seltsame Wanderer auftaucht, „menschenleer" ist (S. 7). Wieder an Deck, erblickt Aschenbach unter einer Gruppe junger Reisender einen übertrieben modisch gekleideten und als Jüngling aufgeputzten Mann, dessen selbstverständlicher Umgang mit der Jugend ihn irritiert. Er bemerkt

Der „falsche Jüngling"

> „eine träumerische Entfremdung, eine Entstellung der Welt ins Sonderbare".

Im Regen sticht der Dampfer in See, und Aschenbach gerät, rings um sich „die ungeheure Scheibe des öden Meeres", ins Träumen. Er denkt an einen Dichter, der – wie er jetzt – auf Venedig zugefahren war und dieses Erlebnis in Verse gefaßt hatte. Der „aufgestutzte Greis“ war nun betrunken; und Aschenbach empfand, als er ihm zusah, was er „in seiner falschen Gemeinschaft mit der Jugend“ alles trieb, abermals „ein Gefühl von Benommenheit“:

> „... so, als zeige die Welt eine leichte, doch nicht zu hemmende Neigung, sich ins Sonderbare und Fratzenhafte zu entstellen ...“

Ankunft in Venedig

Inzwischen nähert sich das Schiff dem Markusplatz, die Maschine stoppt, und die Ausschiffung beginnt. Bevor Aschenbach eine Gondel besteigen kann, wünscht ihm der Betrunkene – ähnlich dem ziegenbärtigen Zahlmeister – einen glücklichen Aufenthalt und fügt lallend hinzu:

> „Unsere Komplimente dem Liebchen, dem allerliebsten, dem schönsten Liebchen ...“

Der Gondolier

Aschenbach besteigt die sargschwarze Gondel, die „an den Tod selbst, an Bahre und düsteres Begängnis und letzte, schweigsame Fahrt“ erinnert. Der Gondolier kümmert sich nicht um seine Anordung, ihn zur Dampferstation zu bringen, sondern rudert ihn über die Lagune zum Lido. Aschenbach, schon im „Bann der Trägheit“, fügt sich. Der Gondolier erinnert mit seinen entblößten weißen Zähnen und den rötlichen Brauen, mit seinem fremdartigen Gehabe, an den Wanderer aus dem ersten Kapitel. Auch diesmal ist Aschenbach mit der Figur allein. Als er sich, vor dem Hotel angekommen, nach dem Mann umschaut, ist er verschwunden – genauso wie damals der Mann mit dem Basthut am Münchner Nordfriedhof. In seinem Zimmer mit der Aussicht aufs offene Meer denkt Aschenbach über die beunruhigenden Erscheinungen der Herreise, den „gräßlichen alten Stutzer mit seinem Gefasel vom Liebchen“ und den Gondolier, nach. Für den Leser sind diese Figuren, die Aschenbach, von der ersten Regung des „Fluchtdranges“ in München an, auf seiner Reise nach Venedig geleiten, Leitfiguren, die seine Erwartungen bestimmen: „Glücklich gewähltes Reiseziel“, „falsche Gemeinschaft mit der Jugend“, „letzte schweigsame Fahrt“ ... Und der

Ankunft im Lido-Hotel

Leitfiguren

Leser ist darauf gespannt, wie sich diese Erwartungen erfüllen werden.

Erste Begegnung mit dem polnischen Knaben

In der Halle des Hotels, wo man auf die Abendmahlzeit wartet, erblickt Aschenbach inmitten einer polnisch sprechenden Familie einen vierzehnjährigen Knaben, der „vollkommen schön“ ist und ihn „an griechische Bildwerke aus edelster Zeit“ erinnert, z. B. den „Dornauszieher“. Der Erzähler beschreibt genau die polnische Familie, besonders aber Aussehen, Kleidung, Haltung des Knaben. Beim Eintritt in den Speisesaal ergibt sich ein erster Blickkontakt. Während des Essens denkt Aschenbach, angeregt durch die Erscheinung des schönen Knaben, über menschliche Schönheit und über „Probleme der Form und der Kunst“ nach. Der Umstand, daß Aschenbach die ihm völlig fremde polnische Familie so ausdauernd beobachtet und an das Aussehen des Knaben so grundsätzliche Überlegungen knüpft, weist den Leser auf die Bedeutung hin, die diese Begegnung für den weiteren Handlungsverlauf haben wird.

Der folgende Tag (S. 28–35)

(2) Am nächsten Morgen ist das Wetter nicht besser geworden. Es ist Ebbe, und Aschenbach glaubt, „den fauligen Geruch der Lagune zu spüren“. Er denkt an die Beschwerden, die ihm sein letzter Besuch in Venedig bereitet hatte und erwägt abzureisen. Beim Frühstück fehlt zunächst der polnische Knabe. Wieder beschäftigt sich Aschenbach ausführlich mit seiner Familie, macht sich Gedanken über den Grund des verspäteten Erscheinens des Jungen und ist noch tiefer als am Vortag von der „wahrhaft gottähnlichen Schönheit des Menschenkindes“ beeindruckt. Während er beim ersten Mal an den ‚Dornauszieher‘, die antike Bronzeplastik, dachte, wird er nun an das „Haupt des Eros, vom gelblichen Schmelze parischen Marmors“, also an den griechischen Liebesgott, erinnert. Nach dem Frühstück beobachtet Aschenbach von einem Liegestuhl aus das Strandleben, gibt sich seiner Liebe zum Meer hin und genießt unentwegt den Anblick des „schönen Knaben“. Den Plan der Abreise läßt er fallen, so sehr zieht ihn der Knabe in seinen Bann. Durch die melodischen Rufe, mit denen dieser wäh-

Der polnische Knabe als „Eros“

rend der Spiele am Strand von vielen Seiten bedacht wird, erfährt Aschenbach seinen Namen: ,Tadzio'! Mit einer weiteren Hindeutung auf den möglicherweise erotischen Charakter von Aschenbachs Hinneigung zu dem Knaben schließt die Spielszene: Tadzio und sein Kamerad ,Jaschu', auch ein Pole, gehen „umschlungen den Strand entlang", und Jaschu „küßt den Schönen".

Aschenbachs Künstlerinteresse an Tadzio

In Spannung zu diesen Hindeutungen auf die Sphäre des Erotischen stehen die Ausführungen des Erzählers über die Art und Weise, wie Aschenbach sich selbst gegenüber sein Interesse an Tadzio rechtfertigt: Der Anblick des („schön wie ein zarter Gott") aus dem Wasser steigenden Knaben gibt ihm „mythische Vorstellungen" ein. Er meint, etwas „wie Dichterkunde von anfänglichen Zeiten, vom Ursprung der Form und von der Geburt der Götter" in diesem Bild zu erkennen. Er spürt Tadzio gegenüber ein Gefühl der „Hinneigung dessen, der sich opfernd im Geiste das Schöne zeugt, zu dem, der die Schönheit hat". Nicht als erotische Faszination also, sondern als Wohlgefallen des Künstlers an einem Exempel der Schönheit interpretiert er sein Erlebnis.

Begegnung im Lift und Abreiseplan

Die nächste Szene bringt einen Rückschlag in Aschenbachs Stimmung: Wieder auf seinem Zimmer, erblickt er im Spiegel sein altes Gesicht, denkt er an seinen Ruhm, seinen Adelstitel. Und gerade jetzt, da er im Gedanken an seine Würde auf Abstand gehen will, begegnet ihm der Knabe im Lift so nah, daß er die „Einzelheiten seiner Menschlichkeit" wahrnehmen kann, sein kränkliches Aussehen, das auf einen frühen Tod hinweist, dem Bild eines unsterblichen Gottes widerspricht. Als Aschenbach im weiteren Tagesverlauf nach Venedig hinüberfährt, nimmt er wieder die „faul riechende Lagune" wahr, die „widerliche Schwüle" in der Stadt, die „üblen Ausdünstungen der Kanäle", so daß er sich unwohl fühlt und beschließt abzureisen. Im Hotel bezahlt er seine Rechnung und packt seine Sachen ein. Das Hin und Her zwischen Abreiseplan und Bleibenwollen zeigt den inneren Zwiespalt, in dem sich Aschenbach befindet.

Tadzios Kränklichkeit

(3) Im letzten Abschnitt des Kapitels drückt sich dieser innere Zwiespalt im äußeren Verhalten Aschenbachs aus. Da die Luft am nächsten Morgen frischer zu sein scheint, bereut er seinen Entschluß abzureisen. Aber es ist bereits alles geregelt, und er muß „fortfahren, zu wollen, was er gestern gewollt hatte". Doch verhält er sich so, als wolle er gar nicht abreisen. Er dehnt das Frühstück aus, schickt das Gepäck schon zum Bahnhof voraus und erreicht auf diese Weise, Tadzio noch einmal zu sehen. Dann verläßt er das Hotel und leidet unterwegs auf dem Dampfer wieder darunter, daß er die Abreise bereut. Er findet „diesen leis fauligen Geruch von Meer und Sumpf", der ihn vertrieben hat, nun gar nicht mehr lästig, sondern atmet ihn lustvoll ein. In Form der ‚erlebten Rede' wird nun vorgeführt, wie Aschenbach in sich den Konflikt zwischen Abreisenmüssen und Bleibenwollen austrägt: Wenn er sich jetzt wieder Venedig gesundheitlich nicht gewachsen zeigen würde, so wäre das eine Niederlage, die ihm verbieten würde, die geliebte Stadt je wiederzusehen. Das aber sei so „schmählich", daß er seinen voreiligen Entschluß abzureisen, nun nicht mehr verstehen könne. Von Tadzio als möglichem Motiv, die Abreise zu bereuen, ist hier noch nicht die Rede. Im folgenden Erzählerbericht, in dem das Hin und Her zwischen Abreise und Bleibenwollen sein Ende findet, erhält die Handlung eine heitere Note: Auf dem Bahnhof stellt sich heraus, daß Aschenbachs Gepäck nach Como unterwegs ist, d. h. „in völlig falsche Richtung geleitet wurde". Eine „unglaubliche Heiterkeit" ergreift den Dichter, der die Gelegenheit, die sich dadurch ergibt, dazu benutzt, sich zum Lido-Hotel zurückbringen zu lassen und dabei „unter der Maske ärgerlicher Resignation die ängstlich-übermütige Erregung eines entlaufenen Knaben" zu verbergen. Der Zufall ist seinem wahren Bedürfnis, hier zu bleiben, zu Hilfe gekommen, „ein schwerer Irrtum richtig gestellt" worden. Er bekommt wieder ein Zimmer mit Aussicht aufs Meer, läßt sich dort am offenen Fenster nieder, „kopfschüttelnd unzufrieden über seinen Wankelmut, seine Unkenntnis der eigenen Wünsche". Und als er nun Tadzio vom

Der dritte Tag (S. 35–39)

Konflikt zwischen Abreiseentschluß und Bleibenwollen

Fehlleitung des Gepäcks und Umkehr

Aschenbachs Erkenntnis „der eigenen Wünsche"

Strand heraufkommen sieht, wird ihm plötzlich klar, „daß ihm um Tadzios willen der Abschied so schwer geworden war“, und er überläßt sich seiner erotischen Begeisterung für den Knaben.

4. Abschnitt (S. 39–48): Aschenbachs Liebe zu Tadzio

Dieses Kapitel – es ist wieder kürzer, noch nicht einmal halb so lang wie das dritte – zeichnet sich durch eine Fülle von Anspielungen auf die altgriechische Literatur, Philosophie und Mythologie aus. Sie haben eine wichtige Bedeutung für die Darstellung des Konflikts, der sich nun im Innern Aschenbachs zwischen seinem bisherigen Selbstverständnis als Künstler und seiner neuen Leidenschaft für den Knaben Tadzio ereignet. Dieser Konflikt bestimmt auch die Zweigliederung des Kapitels.

Gleichklang der Tage (S. 39–44)

(1) Aschenbach ist nun „entschlossen zu vorläufig unabsehbarem Verweilen“. In der Sprache des griechischen Mythos charakterisiert der erste Abschnitt den Gleichklang der Tage, den er nun erlebt, „an südlichem Strande mit der traulich bereiten Nähe der wunderlich-wundersamen Stadt“. Während er früher aus der Ruhe stets wieder nach dem „heilig-nüchternen Dienst seines Alltags“ verlangt hatte, „verzaubert ihn“ nun dieser Ort, „entspannt sein Wollen, macht ihn glücklich“. Täglich mehrmals sieht er den polnischen Knaben, hört seinen Namen rufen („Tadziu! Tadziu!“) und kennt seine Gestalt und seine Gebärden bald auswendig. Er versucht, seine Rolle als Liebhaber mit seiner Rolle als Künstler zu verbinden, den erotischen Genuß, den ihm der Anblick des schönen Knaben bereitet, als ästhetischen Genuß zu interpretieren:

Tadzios Gestalt als Verkörperung der schönen Form

> „Welch eine Zucht, welche Präzision des Gedankens war ausgedrückt in diesem gestreckten und jugendlich vollkommenen Leibe! Der strenge und reine Wille jedoch, der, dunkel tätig, dies göttliche Bild-

werk ans Licht zu treiben vermocht hatte, – war er nicht ihm, dem Künstler, bekannt und vertraut?“

Er stellt sich vor, daß seine Leistung, „aus der Marmormasse der Sprache die schlanke Form“ seines Werkes zu gestalten, mit dem Schöpfungsakt des Gottes vergleichbar sei, der den schönen Menschen Tadzio schuf, „Standbild und Spiegel geistiger Schönheit“. Er meint, in Tadzios Gestalt „die Form als Gottesgedanken“ zu erblicken. Der Erzähler kommentiert jedoch diese Auffassung kritisch:

„Das war der Rausch; und unbedenklich, ja gierig hieß der alternde Künstler ihn willkommen.“

Aschenbachs klassische Bildung

Wie Aschenbach auf solche Gedanken kommt, erklärt der Erzähler dadurch, daß ihm plötzlich antike Texte, die er in seiner Jugend gelesen hat, in neuem Licht erscheinen: Da war die Rede davon, daß „der Gott sich, um uns das Geistige sichtbar zu machen, gern der Gestalt und Farbe menschlicher Jugend“ bediene. Und da gab es die Szene „unfern den Mauern Athens“, in der der alte weise Sokrates den jungen schönen Phaidros darüber belehrt, daß die Schönheit „die einzige Form des Geistigen“ sei, „welche wir sinnlich empfangen ... können“; d. h. im Unterschied zum ‚Wahren‘ und ‚Guten‘, die Gegenstand des Denkens und des moralischen Urteils sind, läßt sich das ‚Schöne‘ leibhaftig anschauen. Auch von dem „heißen Erschrecken“ spricht Sokrates hier, das den Menschen ergreift, „wenn sein Auge ein Gleichnis der ewigen Schönheit erblickt“, und das auch Aschenbach erlebt hat, als er Tadzio zuerst begegnete (S. 29). Auf diese Weise bemüht sich der Dichter, seine Leidenschaft für den schönen Knaben als einen Weg in das Reich des Geistes zu rechtfertigen, als ‚platonische‘ Liebe sozusagen.

Arbeit an einer Abhandlung in Tadzios Gegenwart

Wie eine Probe aufs Exempel erscheint nun die folgende Episode, in der Aschenbach die Aufforderung erhält, „über ein gewisses großes und brennendes Problem der Kultur und des Geschmacks sich bekennend vernehmen zu lassen“. Er beschließt, diese Arbeit am Strand „in Tadzios Gegenwart“ zu schreiben, seinen Körper „zum Muster zu nehmen, seinen Stil den Linien dieses Körpers folgen zu lassen, der ihm göttlich schien". Das Vorhaben gelingt: Aschenbach macht das Schreiben Freude, die Abhandlung wird von der Leserschaft bewundert. Wie problematisch dieser „seltsam zeugende Verkehr des Geistes mit einem Körper" für den Erzähler ist, geht aus seinem anschließenden Kommentar hervor, es sei gut, wenn die Welt nichts von der Entstehung eines schönen Werkes erführe, und aus der abschließenden Notiz, Aschenbach habe sich danach „erschöpft, ja zerrüttet" gefühlt „wie nach einer Ausschweifung". Damit ist angedeutet, daß es Aschenbach nicht gelingen wird, die Rolle des würdigen Künstlers mit der Rolle des Liebenden zu vereinbaren, ja, daß er schon dabei ist, jene Würde seiner Leidenschaft zu opfern.

Die Liebeserklärung (S. 44–48)

(2) Im zweiten Abschnitt des Kapitels verdeutlicht der Erzähler die Verfallenheit Aschenbachs an seine Leidenschaft dadurch, daß er dem Leser zunächst die naheliegende Alternative vor Augen stellt: Es ergab sich die Gelegenheit für den Künstler, den Knaben anzusprechen und aus der Beziehung eine „leichte, heitere Bekanntschaft zu machen", zu „heilsamer Ernüchterung" zu gelangen. Aschenbach ergreift sie jedoch nicht. In einem Kommentar erklärt der Erzähler diese Tatsache mit der für den Künstler bezeichnenden „Instinktverschmelzung von Zucht und Zügellosigkeit" im allgemeinen, die einer Ernüchterung im Wege stehe, und mit der „geistigen Verfassung" Aschenbachs im besonderen, der nun infolge seiner „Selbstachtung, Reife und späten Einfachheit" nicht mehr geneigt sei, Selbstkritik zu treiben und über seine Beweggründe zu reflektieren. Im folgenden wird nun die „Zügellosigkeit", die jetzt in der Lebensweise Aschenbachs an die Stelle der gewohnten „Zucht" getreten ist, näher beschrieben: Er genießt das Urlaubsleben, wendet die gewonnene Erholung nicht mehr wie bisher sogleich an das schriftstellerische Werk, sondern läßt sie „hochherzig-unwirtschaftlich aufgehen in Rausch und Empfindung". Gefühle, die er in der Jugend gehabt und „im strengen Dienst seines Lebens" unterdrückt hatte, kehren wieder. Er fühlt

Aschenbachs Zügellosigkeit

sich „mythisch verwandelt“, die Welt erscheint ihm „voll panischen Lebens“, wie es in der altgriechischen Göttersage geschildert wird.

„Heikles“ Blickverhältnis

Da Aschenbach eine persönliche Kontaktaufnahme scheut, bleibt es bei einem reinen Blickverhältnis zu Tadzio, das der Erzähler in kommentierenden Bemerkungen problematisiert („seltsamer, heikler ist nichts ...“). Die „Sehnsucht“ sei „ein Erzeugnis mangelhafter Erkenntnis“, denn der Abstand verhindere ein Kennenlernen, die Liebe werde durch kein Urteil getrübt. In der weiteren Handlung läßt sich Tadzio auf dieses Blickverhältnis ein, und es kommt zu mancherlei Begegnungen, deren Höhepunkt darin besteht, daß der Knabe Aschenbach anlächelt und dieser erschüttert auf einer Bank im Dunkeln niedersinkt und die Worte: „Ich liebe dich“ flüstert. Der Erzähler nennt Tadzios Gesichtsausdruck „das Lächeln des Narziß“, d. h. jenes griechischen Gottes, der sich in das eigene Spiegelbild verliebte, das er im Wasser erblickt hatte. Damit wird angedeutet, daß sich Tadzio gar nicht für Aschenbach interessiert und dessen Liebe hoffnungslos ist.

Das „Lächeln des Narziß“

5. Abschnitt (S. 46–68): Die Cholera in Venedig und Aschenbachs Tod

Das Schlußkapitel ist wieder fast so lang wie das dritte. Es bringt ein ganz neues Thema in die Novelle: In Venedig herrscht die Cholera. Doch ist diese Seuche nur das Ereignis, in das die zahlreichen Hindeutungen der Novelle auf Fäulnis, Krankheit, Chaos und Tod einmünden und in dem sich Aschenbachs Schicksal erfüllen wird. Es läßt sich eine Gliederung in vier Abschnitte erkennen:

Aschenbach entdeckt die Cholera (S. 48–53)

(1) „In der vierten Woche seines Aufenthalts auf dem Lido“ macht Aschenbach „einige die Außenwelt betreffende unheimliche Wahrnehmungen“. Der Hotelfriseur, den er jetzt oft aufsucht, redet

von einem „Übel“ in der Stadt; es riecht nach Desinfektionsmitteln; Maueranschläge warnen vor dem Genuß von Austern. Aschenbach empfindet eine „dunkle Zufriedenheit“ über die Geheimnistuerei, weil sie seinem eigenen Zustand entgegenkommt. Das „schlimme Geheimnis der Stadt“, die verheimlichte Seuche, verbindet sich „mit seinem eigenen Geheimnis“, der Liebesleidenschaft zu Tadzio, wie in einer Verschwörung. Aschenbach beginnt, das Chaos zu lieben, „Haupt und Herz waren ihm trunken“. Daher begnügt er sich nun auch nicht mehr, auf Begegnungen mit Tadzio, seinem „Abgott“, wie er jetzt genannt wird, zu warten, vielmehr stellt er ihm nach, verfolgt ihn durch die ganze Stadt, um ihm nahe zu sein, ein Opfer des „Dämons“, „dem es Lust ist, des Menschen Vernunft und Würde unter seine Füße zu treten“. Mit solchen Worten macht der Erzähler immer deutlicher, wie zerstörerisch Aschenbachs Leidenschaft geworden ist. Und er beschreibt die Schönheiten Venedigs, unter denen sich die tödliche Krankheit verbirgt, als Spiegelbild des würdigen Künstlers, der seine „exotischen Ausschweifungen des Gefühls“ zu verheimlichen trachtet, mit letzter Kraft „seine Würde zu wahren“ versucht. Denn auf dem Weg in den Abgrund gibt es „Augenblicke des Innehaltens und der halben Besinnung“. Aschenbach denkt daran, was seine Vorfahren zu seinem augenblicklichen Zustand sagen würden und versucht – wiederum mit antiken Gedanken, an die er sich erinnert –, sein Verhalten zu rechtfertigen: Seine künstlerische Tätigkeit sei ja auch ein Kriegsdienst gewesen, und wenn er nun der Liebesleidenschaft verfallen sei, täte er nichts anderes „als zahlreiche Kriegshelden der Vorzeit“, bei denen ja homoerotische Beziehungen zur soldatischen Kameradschaft gehört haben. Nach diesem „Innehalten“ spürt Aschenbach weiter den „unsauberen Vorgängen im Innern Venedigs“ nach, indem er den Hotelmanager ausfragt.

Aschenbachs und Venedigs „Geheimnis“

Rechtfertigung gegenüber den Vorfahren

Die Straßensänger im Hotel (S. 53–58)

(2) In der folgenden Episode ist eine weitere Stufe von Aschenbachs Niedergang dadurch gekennzeichnet, daß er Geschmack an anspruchsloser Volkskunst findet. Vier Musikanten aus Venedig

geben vor der Hotelterrasse ihre Vorstellung, zu der sich auch das Personal einfindet, das die Gäste bedient. So entsteht die einzige Massenszene, die in der Novelle vorkommt. Unter den zwei Männern und zwei Frauen sticht besonders der Buffo-Sänger und Gitarrist hervor, der ein komisches Talent darstellt. Aschenbach nimmt die „vulgären und schmachtenden Melodien begierig auf"; er ist nicht mehr wählerisch. „Sechs Schritte von ihm lehnte Tazio am Steingeländer …, die Füße gekreuzt, die rechte Hand in der tragenden Hüfte." Aschenbach vermeidet seinen Blick und leidet Qualen, meint er doch, schon „auffällig geworden und beargwöhnt zu sein", da die Familie den Jungen mehrmals aus seiner Nähe weggerufen habe:

Tadzio mit gekreuzten Füßen

> „… eine Beleidigung …, unter der sein Stolz sich in ungekannten Qualen wand, und welche von sich zu weisen sein Gewissen ihn hinderte."

Der Gitarrist als Leitfigur

Der Gitarrist wird genau beschrieben und erinnert mit seinem Adamsapfel, seinem entblößten Gebiß, den Furchen auf der Stirn und den roten Brauen an den Wanderer aus dem ersten Kapitel und die anderen Figuren, die Aschenbach begegnet sind und ihn beunruhigt haben. Neu ist das Merkmal, daß „ein Schwaden starken Karbolgeruchs" von dem Manne ausgeht. Als er zum Geldeinsammeln herumgeht und auch zu Aschenbach kommt, fragt ihn dieser nach dem „Übel in Venedig". Wie alle, die er bis jetzt befragt hat, stellt auch der Gitarrist die Lage als harmlos dar, wird aber von Hotel-Angestellten, die argwöhnen, er habe etwas verraten, ins Kreuzverhör genommen. Nach diesem Zwischenfall trägt der Gitarrist einen Schlager mit einem Lach-Refrain vor, durch dessen Vortrag er alle Zuhörer ansteckt. Der Erzähler betont, daß es sich um ein Hohngelächter handelt.

Hohngelächter

> „Er wies mit dem Finger hinauf, als gäbe es nichts Komischeres, als die lachende Gesellschaft dort oben …"

„In der allgemeinen Bewegung und Zerstreuung" kreuzen sich Aschenbachs und Tadzios Blicke, der

Ältere meint, „kindliche und beziehungsvolle Folgsamkeit" in den Augen des Jüngeren zu lesen, und bemerkt Anzeichen von Kränklichkeit bei Tadzio. Am Ende bleibt Aschenbach allein mit seinem Granatapfelsaft auf der Terrasse zurück und muß an die Sanduhr im Hause seiner Eltern denken: Der Sand in der oberen Höhlung geht bereits zur Neige.

Tadzios Kränklichkeit

Ausbreitung der Cholera und Niedergang Aschenbachs (S. 58–66)

(3) Am nächsten Tag, nachmittags, setzt Aschenbach seine Nachforschungen über die Cholera fort und erfährt auf dem britischen Reisebüro, daß sein Verdacht begründet ist. In längeren Ausführungen, einem Angestellten in den Mund gelegt, wird zunächst der Weg der Cholera aus einer fernöstlichen „von Menschen gemiedenen Urwelt- und Inselwildnis, in deren Bambusdickichten der Tiger kauert" (man wird an Aschenbachs „Gesicht" im ersten Kapitel erinnert), nach Europa, dann die Art ihrer Verbreitung und schließlich der Krankheitsverlauf beschrieben. Bemerkungen über den Sittenverfall in Venedig als Folge der Seuche schließen sich an. Der Angestellte rät zur Abreise.

Erwägung einer „anständigen Handlung"

Nunmehr „im Besitz der Wahrheit", denkt Aschenbach an „eine reinigende und anständige Handlung". Er könnte zu Tadzios Mutter gehen, sie über die Gefahr aufklären und ihr raten, mit der ganzen Familie Venedig zu verlassen.

> „Aber er fühlte zugleich, daß er unendlich weit entfernt war, einen solchen Schritt im Ernste zu wollen. Er würde ihn zurückführen, würde ihn sich selber wiedergeben; aber wer außer sich ist, verabscheut nichts mehr, als wieder in sich zu gehen ..."

Aschenbach „berauscht"

Aschenbach erinnert sich der Inschriften und der „seltsamen Wanderergestalt" am Münchner Nordfriedhof, „die dem Alternden schweifende Jünglingssehnsucht ins Weite und Fremde erweckt hatte", und weist jeden Gedanken an Heimkehr, Besonnenheit, Meisterschaft von sich, „berauscht" von seiner „Mitwisserschaft" und „Mitschuld". So sehr hat er „Kunst und Tugend" aufgegeben und die „Vorteile des Chaos" gewählt.

Der Traum vom „fremden Gott"

Diesen inneren Zustand Aschenbachs charakterisiert der Erzähler durch einen Traum, dessen

Geschehnisse „die Kultur seines Lebens verheert, vernichtet“ zurückließen. Die Bilder des Traumes stammen wiederum aus Aschenbachs klassischer Bildung. Es handelt sich um den „fremden Gott“ und sein berauschtes Gefolge, d. h. Dionysos und die Bacchanten. In die Einzelheiten des antiken Mythos mischen sich Elemente aus Aschenbachs Leben: Sein Landhaus kommt vor; der Ruf der „tobenden Rotte“ mit seinem „gezogenen u-Ruf am Ende“ klingt wie Tadzios Name (vgl. S. 31: „mit rufend gedehntem u-Laut am Ende“); Venedigs „faulende Wasser‘ und die „umlaufende Krankheit“ werden angeführt. Auch im Traum leistet Aschenbach noch einen letzten Widerstand: Er will „bis zuletzt das Seine schützen gegen den Fremden, den Feind des gefaßten und würdigen Geistes“. Doch er genießt „Unzucht und Raserei des Untergangs“.

Danach schwinden bei ihm die letzten Hemmungen. Er kümmmert sich nicht mehr darum, was die Leute von ihm denken, wenn er Tadzio verfolgt. Er sei „dem fremden Gotte gehörig“, „dem Dämon verfallen“, so kennzeichnet der Erzähler die nun erreichte Stufe des Niedergangs.

Kosmetische Verjüngung

Der nächste Schritt besteht darin, daß ihn „angesichts der süßen Jugend, die es ihm angetan“, „sein alternder Leib“ mit Ekel erfüllt. Der Hotelfriseur verjüngt ihn kosmetisch, und Aschenbach erblickt im Spiegel „mit Herzklopfen einen blühenden Jüngling“. Der Leser erinnert sich noch seines Entsetzens, als er auf dem Dampfer nach Venedig „erkannte, daß der Jüngling falsch war“ (S. 19). Und ausgerechnet jener falsche Jüngling hatte ihm doch „Komplimente“ an das „Liebchen“ aufgetragen (S. 21/22)! Mit den Worten „Nun kann der Herr sich unbedenklich verlieben“ verabschiedet ihn der Friseur. Aschenbach eilt durch „das innere Gewirr der kranken Stadt“ hinter Tadzio her, der ihn sieht, aber nicht verrät. Doch verliert Aschenbach, obwohl „am Narrenseile geleitet von der Passion“, die Spur und macht, da er sich nicht wohl fühlt, „auf den Stufen der Zisterne, inmitten des Ortes“ halt, nachdem er sich offenbar an verdorbenen Erdbeeren infiziert hat. Der Leser wird nun durch

Erkenntnis „auf den Stufen der Zisterne“

zahlreiche Anspielungen auf das zweite Kapitel, das Aschenbachs „Aufstieg zur Würde“ (S. 14) schilderte, darauf aufmerksam gemacht, daß hier die letzte Station seines Abstiegs erreicht ist. Der Erzähler erwähnt den „Autor des ‚Elenden‘“, die Absage an das „Zigeunertum“, an die „Sympathie mit dem Abgrund“, zitiert, daß er „das Verworfene verworfen“ habe, erinnert an Ruhm und Adelstitel, an die Aufnahme seines Werkes in den Literaturkanon der Schule. Das lange Selbstgespräch, das nun folgt, läßt den Leser an das vierte Kapitel denken, in dem Aschenbach die Szene vor sich hat, in der sich Sokrates und Phaidros „unfern den Mauern Athens“ über die Liebe zum Schönen unterhalten (S. 42/43). An diese Gedanken anknüpfend, zieht Aschenbach nun die Summe aus seiner eigenen Erfahrung mit dem Eros und dem Schönen, wie er sie in seiner Leidenschaft zu Tadzio erworben hat, und widerruft aufgrund dieser Erfahrung die Auffassungen, die er in seiner künstlerischen Reifezeit vertreten hat: Die Meisterhaltung sei „Lüge und Narrentum“, „Volks- und Jugenderziehung durch die Kunst“ eine Illusion; denn wer zum „Abgrund“ tendiere, könne kein Erzieher sein; wenn man aber der auflösenden Erkenntnis absage, weil sie mit dem „Abgrund“ sympathisiere, und statt dessen Einfachheit, Größe und strenge Form anstrebe, so sei das keine Alternative, denn auch „Form und Unbefangenheit“ führten den Künstler „zum Rausch und zur Begierde“ und „zum Abgrund“. Der Künstler vermöge „nur auszuschweifen“.

Aschenbachs Widerruf seiner Meisterschaft

Aschenbachs Tod (S. 66–68)

(4) Es folgt Erzählerbericht: Ein paar Tage später hat sich Aschenbachs Gesundheitszustand sehr verschlechtert, er hat ein „Gefühl der Ausweg- und Aussichtslosigkeit“. Wie viele andere, bereitet sich auch die polnische Familie auf die Abreise vor. Tadzio und die anderen Kinder spielen am Strand. Nachdem Tadzio von einem stärkeren Jungen hart hergenommen worden war, geht er ins Wasser, weit hinaus bis zur Sandbank, und scheint dem vom Strand aus zuschauenden Aschenbach wie der griechische Gott Hermes, der die Seelen der Toten in die Unterwelt geleitet, zu winken. Aschenbach stirbt.

Zur Thematik der Novelle

Worum geht es Thomas Mann im ‚Tod in Venedig'? Welches Thema hat seine Novelle? Diese Frage läßt sich nicht in einem Satz beantworten; es wird vielmehr nötig sein, das Themengeflecht, das die Novelle darstellt, aufzuknoten und die einzelnen Linien gesondert nachzuzeichnen. Dabei ergeben sich etwa folgende thematische Aspekte.

Der ‚verliebte Alte'

Leidenschaft des Alters

(1) Daß ein betagter Mann die Weisheit und die Würde, die von ihm erwartet werden, vergißt, sich der Leidenschaft zu einem jugendlichen Wesen hingibt und dabei scheitert, ist ein oft behandeltes literarisches Motiv. Es lebt von dem Problem der Unüberwindbarkeit des Altersunterschiedes. Hier liegt es in einer homoerotischen Variante vor. Zu dieser thematischen Linie gehört zunächst die Szene auf dem Dampfer nach Venedig (S. 18–22), in der Aschenbach, selbst noch unangefochten, erlebt „in welchen Zustand den aufgestutzten Greisen seine falsche Gemeinschaft mit der Jugend gebracht hatte". Er findet den ‚falschen Jüngling' widerlich und kann noch nicht ahnen, daß dessen Abschiedsgruß mit den „Komplimenten dem Liebchen" eigentlich eine Prophezeiung ist. Nachdem Aschenbach dem schönen Knaben begegnet ist, betrachtet er sich lange im Spiegel, sieht „sein graues Haar, sein müdes und scharfes Gesicht", d. h. wird sich im Kontrast zu Tadzios Jugend seines Altseins bewußt. Doch wehrt er sich gegen den Gedanken, daß dies ein Verlust sei, indem er „alle äußeren Erfolge seines Talentes" aufruft (S. 33). Und als er kurz darauf Tadzio im Lift begegnet und Anzeichen von Kränklichkeit bei ihm bemerkt, kann er sich eines „Gefühls der Genugtuung oder Beruhigung" nicht erwehren (S. 34), d. h. er rechnet Jugend und Alter gegeneinander auf. Nachdem der Rausch ihn ganz

Homoerotische Variante

Jugend und Alter

ergriffen hat, versucht er jedoch, das Altsein zu verdrängen. Er möchte dem Knaben „wie irgendein Liebender" gefallen und läßt sich, da ihn „sein alternder Leib" mit Ekel erfüllt „angesichts der süßen Jugend, die es ihm angetan", vom Hotelfriseur kosmetisch verjüngen (S. 63/64). Nun ist er selbst in die „falsche Gemeinschaft mit der Jugend" geraten, die er bei dem alten Stutzer auf dem Schiff so widerlich gefunden hatte. Doch ist er mit dem Wunsch, es der Jugend gleich zu tun, bereits gescheitert: Die Selbstverliebtheit der Jugend, die sich in Tadzios „Lächeln des Narziß" gezeigt hatte (S. 48), kann ihm nicht gelingen.

Verfall einer Würde

Auflösung einer Lebenshaltung

(2) Das erotische Motiv ist aber nicht der eigentliche Darstellungszweck, sondern Teil eines übergreifenden Themas. Die Stufen der wachsenden Leidenschaft Aschenbachs für den schönen Knaben sind ja zugleich Stationen auf dem Wege der Auflösung seiner bisher gewohnten Lebenshaltung und des Verfalls seiner Würde. Im ersten Kapitel wird gezeigt, wie er ungewöhnliche Erfahrungen und seltsame Anwandlungen „durch Vernunft und von jung auf geübte Selbstzucht" bewältigt, im zweiten Kapitel, wie er durch solche Tugenden zu Ruhm, Würde und literarischer Meisterschaft gelangt ist. Im dritten Kapitel sucht Aschenbach „das märchenhaft Abweichende" (S. 17) und erlebt auf der Reise in „die unwahrscheinlichste der Städte" (S. 21), wie sich seine gewohnte Welt verändert, erfährt „eine träumerische Entfremdung". So schreibt er dann im vierten Kapitel in Gegenwart des begehrten Knaben und mit dem Blick auf seinen Wuchs einen Aufsatz und erlebt das als eine „Ausschweifung" (S. 44). Zur „Zucht" gesellt sich „Zügellosigkeit". Seine Würde bewahrt ihn nicht mehr vor Torheit. Im fünften Kapitel vermischt er sein eigenes Geheimnis, die Liebe zu Tadzio, mit dem Geheimnis der Stadt, der von den Behörden verschwiegenen Cholera, und vergißt Vernunft, Würde und Anstand (S. 50/51). Die naheliegende „reinigende und anständige

Veränderung der gewohnten Welt

Handlung“ (S. 60), nämlich die polnische Familie zu warnen und zur Abreise zu bewegen, bekommt er nicht mehr fertig. So sehr liebt er jetzt das „Chaos“ (S. 61). Am Ende bleibt „die Kultur seines Lebens verheert, vernichtet zurück“. In der Szene „auf den Stufen der Zisterne“ wird ihm der Verlust seiner Würde bewußt (S. 65/66)

‚Künstlernovelle‘

Verlust der Künstlerwürde

(3) Es geht dabei um den Verlust von Aschenbachs Würde als „Meister“, als „Künstler“. Und auch als er die Gelegenheit versäumt, aus der Beziehung zu dem Knaben eine unproblematische Bekanntschaft zu machen, erklärt der Erzähler dieses Verhalten mit der schwer zu begreifenden Eigenart „des Künstlertums“ (S. 44). Beide Stellen, die Szene „auf den Stufen der Zisterne“ und die morgendliche Begegnung Aschenbachs mit Tadzio auf dem Weg zum Strand, weisen mit bestimmten Leitbegriffen („Zucht“, „späte Einfachheit“, „Form und Unbefangenheit“, „Abgrund“ u. a.) wiederum auf das zweite Kapitel zurück. Dort geht es um die bisherige Lebens- und Arbeitsweise des Helden, in der die tieferen Ursachen für all das zu suchen sind, was ihm nun auf seiner seltsamen Reise nach Venedig widerfährt.

„Heroismus der Schwäche“

Er ist ja kein Mensch, der aufgrund einer überschäumenden Lebenskraft schafft, sondern mit „Willensdauer und Zähigkeit“ arbeitet (S. 13), sich immer „am Rande der Erschöpfung“ befindet (S. 14). Nicht aber nur die Charakterisierung des Helden als Künstler, sondern auch die literaturkritischen Kommentare des Erzählers, z. B. zu dem „unanständigen Psychologismus der Zeit“ (S. 15), reihen den ‚Tod in Venedig‘ in die deutsche Tradition der ‚Künstlernovelle‘ bzw. des ‚Künstlerromans‘ ein, wie sie durch Goethes ‚Wilhelm Meister‘ oder Mörikes ‚Mozart auf der Reise nach Prag‘ vertreten wird.

Das Motiv der Selbsttäuschung

Bezug auf die griechische Antike

(4) In diesem Zusammenhang fällt dem Leser auf, daß Aschenbach sowohl sein Tadzio-Erlebnis wie seine Gedanken zu „allgemeinen Problemen der Form und der Kunst" (S. 28) auf mythische Bilder und literarische Texte der griechischen Antike bezieht. Als er ihn zum ersten Mal sieht, erinnert ihn der Knabe „an griechische Bildwerke aus edelster Zeit", er denkt an die Bronzefigur des ‚Dornausziehers' (S. 26), spricht Tadzio in Gedanken als „kleiner Phäake" an (S. 29) – so heißt ein sagenhaftes Volk bei Homer – und vergleicht ihn mit dem „Haupt des Eros, vom gelblichen Schmelze parischen Marmors" (S. 29), also dem Liebesgott. Als ‚Jaschu' „den Schönen" küßt (S. 32), denkt Aschenbach an eine griechische Quelle – der Name verrät es –, in der ein Kritobulos nach einem solchen Kuß den Rat erhält, erst einmal zu verreisen. Und nachdem er sich endgültig zum Bleiben entschlossen hat, fühlt er sich wie im griechischen Elysium, dem Gefilde der Seligen (S. 40). So wird der Leser in die klassische Bildung des Helden eingeführt, die durch das Tadzio-Erlebnis „ins Wallen geriet" (S. 42). D. h. was bisher bei Aschenbach bloßes Schulwissen war, lediglich „seiner Jugend überlieferte und bis dahin niemals von eigenem Feuer belebte Gedanken", das dient ihm nun dazu, sein Erlebnis zu interpretieren. In der ‚erlebten Rede' S. 42 („Welch eine Zucht, welche Präzision des Gedankens ...") vergleicht er seine Fähigkeit sprachlicher Gestaltung mit der Schöpfertat des Gottes, der den „jugendlich vollkommenen Leib" Tadzios hervorgebracht hat, und glaubt, mit dem Blick auf den schönen Knaben „das Schöne selbst zu begreifen, die Form als Gottesgedanken, die eine und reine Vollkommenheit ...". Dabei ist er in Wirklichkeit „dem Dämon verfallen" (S. 62), „am Narrenseile geleitet von der Passion" (S. 65). Selbst die lächerliche Tatsache, daß er, der alternde, würdige, weitberühmte Dichter, einem schönen, aber unbedeutenden Kinde hinterherläuft, weiß er mit antiken Vorbildern zu rechtfertigen: Der „Eros, der sich seiner bemeistert", sei seinem bisherigen Leben, das in

Aschenbach im Elysium

Aschenbachs wahre Lage

einem soldatischen Dienst an der Kunst bestanden habe, durchaus gemäß. Haben doch tapfere „Kriegshelden der Vorzeit“ einst „willig sein Joch getragen“ und es nicht als lächerlich angesehen, dem Geliebten „sklavisch“ zu folgen (S. 52). Erst als es zu spät ist, als er sich bereits angesteckt hat und den Tod in sich trägt, bricht dieses Gebäude aus klassischer Schullektüre, Bildern des griechischen Mythos, Beispielen aus Kunst und Literatur zusammen. Nun macht er sich nicht mehr vor, daß alles in der Ordnung sei, seine Beziehung zu Tadzio rein geistiger Natur, seine erotische Neigung ein edler Dienst, nun sieht er ein, daß er einen „Irr- und Sündenweg“ gegangen ist. Die Selbsttäuschung, mit der er sich so lange der Erkenntnis widersetzt hat, ins Chaos geraten zu sein, ist erst zu Ende, als er mit der Erkenntis nichts mehr anfangen kann.

Späte Erkenntnis

Symbolische Hadesfahrt

Fahrt in den Tod

(5) All diese thematischen Linien des Handlungsverlaufs, die Liebesgeschichte, der moralische Verfall, die Künstlerproblematik, der Selbsttäuschungsprozeß, stehen ja, von Anfang an für den Leser erkennbar, unter dem Gesetz eines sich erfüllenden menschlichen Schicksals: Aschenbach fährt in den Tod. Deshalb beginnt die Novelle an einem Schauplatz, der sowohl auf den Tod (Friedhof) wie auf Venedig („das byzantinische Bauwerk“, „mit griechischen Kreuzen“ usw.) hinweist. Deshalb begegnet Aschenbach jene seltsame Wanderergestalt, die in ihm Reiselust weckt, aber auch mit den bloß liegenden Zähnen an den Totenkopf erinnert. Und deshalb schaut der müde gewordene Dichter in seiner Vision von der Ferne genau jene Landschaft, von der aus – wie wir dann in dem Bericht des englischen Reisebüroangestellten erfahren (S. 58/59) – die todbringende Cholera ihren Weg nach Venedig nimmt. Der weitere Weg Aschenbachs aber ist gesäumt von ähnlichen Figuren, die wie der Wanderer des ersten Kapitels die Zeichen von Krankheit und Tod an sich tragen:

Häufung der Todeszeichen

Reihe der Todesboten

- Der ziegenbärtige Zahlmeister auf dem Schiff mit seinen gelben, knochigen Fingern bestätigt dem Reisenden, daß Venedig „ein glücklich gewähltes Reiseziel“ sei. Sein „betagtes Fahrzeug, veraltet, rußig und düster“ läßt den Leser an Charons Nachen denken, der die Seelen der Verstorbenen über den Unterweltfluß in den Hades fährt (S. 18).
- Der auf jung gemachte alte Geck auf dem Schiff, der ihm Komplimente an das „Liebchen“ mitgibt, prophezeit ihm das Ende in Würdelosigkeit (S. 20 ff.).
- Der Gondolier, der Aschenbach zum Lido übersetzt und mit den hintergründigen Worten „Sie werden bezahlen“ auf sein Geld verzichtet, ist mit seiner „sargschwarzen“ Gondel auch eine Charonsfigur (S. 22 ff.).
- Der Gitarrist im Hotel – wiederum durch bestimmte Einzelzüge mit den vorhergehenden Figuren verbunden – strömt den Karbolgeruch aus, der auf die bereits grassierende Cholera hinweist (S. 55 f.).
- Der Clerk im englischen Reisebüro schildert die Krankheit und ihre Herkunft „aus den warmen Morästen des Ganges-Deltas“ und erweist so Aschenbachs „Gesicht“ von der „Urweltwildnis“ im ersten Kapitel als eine Todesvision (S. 58 ff.).
- Der Hotelfriseur bereitet den Helden, indem er an ihm die gleiche Verjüngung vornimmt, wie sie der alte Geck auf dem Schiff gezeigt hatte, auf sein letztes Abenteuer vor (S. 64).
- Am Ende aber übernimmt der geliebte Knabe Tadzio selbst, als Gott Hermes, der Seelengeleiter (der „Psychagog“), die Aufgabe, Aschenbach den Weg in den Tod zu weisen, so „als ob er ... voranschwebe ins Verheißungsvoll-Ungeheure“ (S. 67 f.).

Aschenbachs Irrtum

Der uralte Mythos vom Abstieg in die Unterwelt, der oft literarisch bearbeitet wurde, ist hier mit dem Motiv der Selbsttäuschung verknüpft worden: Aschenbach unternimmt ja die Reise im Glauben an ein sich eröffnendes neues Glück und weiß nicht, daß er dem Tod entgegenfährt und kein irdisches Ziel mehr erreichen kann. Er bemerkt an der sonderbaren Gestalt am Münchner Nordfriedhof nur „das Wanderhafte“, nicht aber die verborgenen

Hinweise auf Tod und Unterwelt (S. 8/9). Es ist wie in der griechischen Tragödie: Der Leser kennt den Ausgang der Handlung („Tod in Venedig"), nur der Held, verblendet, weiß nicht, was mit ihm geschieht.

Zur Künstlerproblematik

Wenn man die verschiedenen thematischen Linien miteinander vergleicht, erweist sich die Künstlerproblematik als Leitlinie. Sie beherrscht die gesamte Novelle und ist in vielen Aspekten ausgearbeitet. Aschenbach befindet sich ja in doppeltem Sinn „auf den Spuren des Schönen" (S. 64), indem er einmal den geliebten Tadzio durch die Gassen von Venedig verfolgt, zum andern aber, weil er es als Künstler mit ‚dem Schönen' zu tun hat. Auf diesem doppelten Sinn beruht das Handlungsmuster der Novelle, die den Aufstieg des Dichters zur „Herrschaft im Reich der Schönheit" (S. 14) und seinen Abstieg in die Würdelosigkeit, in die er durch seine Leidenschaft für den schönen Knaben gerät, miteinander verbindet. Diesem Konzept liegt die traditionelle, schon aus der Antike stammende Auffassung vom ‚schönen' Kunstwerk zugrunde:

Aschenbach „auf den Spuren des Schönen"

Die Schönheit der Kunst

> Danach ist Kunst die idealisierende Nachahmung der Wirklichkeit als Gestaltung ‚des Schönen'. Auf der einen Seite geht es in der Kunst um einen geistigen *Gehalt*, d.h. um das, *was* mitgeteilt oder ausgedrückt werden soll, auf der anderen Seite um das *Medium, in dem* die Mitteilung bzw. der Ausdruck erfolgt. Im gelungenen Kunstwerk ist beides verbunden zur vollkommenen Einheit des Gehalts und des sinnlichen Materials, z.B. der Töne, Farben, Formen usw. In der Kunst kommt also Geistiges im Sinnlichen zum Ausdruck, und wenn diese Einheit von Gehalt und Erscheinung vollkommen ist, heißt das Kunstwerk *schön*. Wie die Philosophie Existenzdeutung im Medium der Vernunft vollzieht, so die Kunst im Medium des Sinnlichen, in dem Schönheit unmittelbar zur Erscheinung kommen kann, während ‚das Wahre' und ‚das Gute' nur der Anstrengung des Begriffs zugänglich sind.

Geistig-sinnliche Natur der Kunst

Die einzelnen Aspekte, in denen nun die Künstlerproblematik in der Novelle erscheint, sind alle auf diesen Schönheitsbegriff zurückzuführen, der die

Elemente des Geistigen und des Sinnlichen in sich vereinigt. Da ist z.B. das Problem, wie im Künstler Kunst und Leben miteinander in Beziehung stehen. Der Erzähler spricht es ausdrücklich dort an, wo er Aschenbachs Aussehen beschreibt. In seinem Gesicht habe nicht wirklich gelebtes Leben seine Spuren hinterlassen, sondern „imaginäre und geistige Abenteuer" hätten sein Antlitz geprägt (S. 16/17). Aschenbach fürchtet nun die Rache der „geknechteten Empfindung" (S. 10), d.h. meint, einen Nachholbedarf an wirklich gelebtem Leben zu haben. Deshalb begibt er sich nun in ein „spätes Abenteuer des Gefühls" (S. 20) – so erlebt er die Reise nach Venedig – und erfährt zum ersten Mal, wie es ist, wenn man empfangene Erquickung „in Rausch und Empfindung" aufgehen läßt, statt sie „an ein Werk zu verausgaben" (S. 45). Am Ende kommt er freilich zu der Erkenntnis, daß man zum „Abenteurer des Gefühls" wird, wenn man sich auf das wirkliche Leben, auf den „Abgrund", einläßt, d.h. daß sich „Meisterhaltung" und „Würde" auf diese Weise nicht bewahren lassen (S. 66). Mit diesem Problem hängt unmittelbar die Frage zusammen, die der Erzähler in seinem Kommentar im zweiten Kapitel stellt, ob Form nicht „zweierlei Gesicht" habe, d.h. „sittlich und unsittlich zugleich" sei (S. 15). Diese Frage wird ja in der Szene „auf den Stufen der Zisterne" von Aschenbach selbst positiv beantwortet: Auch „Form und Unbefangenheit" führten in den „Abgrund", seien also keine Möglichkeit, vom wirklichen Leben nicht überwältigt zu werden (S. 66). Die Handlung der Novelle und das Schicksal des Helden sollen eben diese Einsicht veranschaulichen. Die Frage nach dem moralischen Wert der schönen Form aber ergibt sich im zweiten Kapitel aus dem Gegensatz zweier unterschiedlicher Ausprägungen des Künstlertums. Die eine, die Aschenbach selbst als junger Mann vertreten hat, sieht als ihre Aufgabe an, ihren Gegenstand zu problematisieren, die Menschen in ihrer Situation zu verstehen, moralische Forderungen zu überprüfen, ja auch die eigene Kunst zu hinterfragen. Die andere, zu der er sich als reifer Mann durchgerungen hat, besteht in der „Abkehr von allem moralischen

Kunst und wirkliches Leben

Moralische Ambivalenz der schönen Form

Zwei Ausprägungen des Künstlertums

Zweifelsinn", in einer neuen „Unbefangenheit", d. h. in der Ausübung einer Kunst, die nicht Einfühlung, Verständnis, Problembewußtsein zeigen, sondern Maßstäbe setzen und strenge Form erreichen will. In der Formulierung über „den unanständigen Psychologismus der Zeit" mag man eine Anspielung auf den ausgehenden Naturalismus und beginnenden Expressionismus mit ihrer sozialen Thematik sehen, die zur Entstehungszeit der Novelle die deutsche Literatur bestimmten. Die biographischen Zeugnisse erweisen, daß es zwischen den Brüdern Thomas und Heinrich Mann zu dieser Zeit eine Auseinandersetzung über die Aufgabe des Schriftstellers gab, in der Heinrich die These vertrat, der Dichter habe nicht Macht auszuüben, sondern der Macht den kritischen Geist entgegenzustellen, ihre Ansprüche zu prüfen, d. h. also, „moralischen Zweifelsinn" zu üben.

Gesellschaftliche Rolle der Literatur

Damit sind wir bei einem weiteren Aspekt, der in der Novelle angesprochen wird, der gesellschaftlichen Rolle der Literatur. Der Aufstieg des reifen Aschenbach zur „Würde des Geistes" und seine Abkehr vom „moralischen Zweifelsinn" hatten zur Folge, daß „etwas Amtlich-Erzieherisches ... mit der Zeit" zum Kennzeichen seines Werkes wurde, daß er „aus seiner Sprachweise jedes gemeine Wort" verbannte und daß seine Texte „in die vorgeschriebenen Schul-Lesebücher" aufgenommen wurden (S. 16). Der Künstler war also zum prominenten Bürger geworden, gehörte nun zu den führenden Persönlichkeiten der Gesellschaft. Doch gerade diese Haltung Aschenbachs sieht der Erzähler in seinem Kommentar S. 44/45 als Ursache dafür an, daß der Dichter „zur Selbstkritik nicht mehr aufgelegt" ist und der Zügellosigkeit verfällt, denn eine „tiefe Instinktverschmelzung von Zucht und Zügellosigkeit" mache „Wesen und Gepräge des Künstlertums" aus. Und eben das – so erkennt Aschenbach am Ende seines Weges – mache den Künstler untauglich zum Volks- und Jugenderzieher (S. 66).

Untauglichkeit des Künstlers als Volkserzieher

Das „Dionysische" und das „Apollinische"

Das Thema von den beiden unterschiedlichen Ausprägungen des Künstlertums wird in der Novelle auch in einer Weise abgehandelt, die auf dem Gegensatzpaar ‚Apollinisch' – ‚Dionysisch' beruht,

Begriffen, die vor allem von Nietzsche in die kunsttheoretische Diskussion gebracht worden waren. Zwar vermeidet der Erzähler, die beiden griechischen Götter beim Namen zu nennen, doch sind die Hinweise auf sie über die ganze Novelle verstreut. So zeigen z. B. die Todesboten, die Aschenbachs Weg säumen, Gesichtszüge, die typisch sind für die Silene, die Begleiter des Dionysos („stumpfnäsig" S. 8, 55; „kurz aufgeworfene Nase" S. 23). Das Bild von der „Urweltwildnis" aus Aschenbachs Landschaftsvision, das dann in der Schilderung des Clerks vom Herkunftsgebiet der Cholera (S. 58) wiederkehrt, führt auch zu dem Traum vom ‚fremden Gott', in dem der Dichter das Chaos erlebt (S. 62). Der Ruf, den dort die rasenden Bacchanten ausstoßen (mit dem „gezogenen u-Laut am Ende"), tönt genauso wie der Name, mit dem der geliebte polnische Knabe gerufen wird (S. 31). Und mitten in der Raserei, die jenen Traum erfüllt, versucht der Träumende, „das Seine zu schützen gegen den Fremden, den Feind des gefaßten und würdigen Geistes" (S. 62). Es kann also kein Zweifel sein, daß der „Rausch", dem Aschenbach verfallen ist, das dionysische Prinzip versinnbildlicht, daß der „gefaßte und würdige Geist", um den er bangt, das apollinische Prinzip darstellt.

Der „fremde Gott"

Dionysos war auch für die Griechen der ‚fremde Gott'. Sein Kult ist aus Asien nach Hellas gekommen. Daher gehört der Tiger (S. 9, 11, 58) zu seinem Gefolge. Er ist ein Fruchtbarkeitsgott, der Phallus sein Symbol. Im Unterschied zu den urgriechischen Göttern, die auf dem Olymp thronen, kommt er unter die Menschen, zwingt sie zu seinem Dienst und erscheint, begleitet von halbgöttlichen und halbtierischen Wesen (Nymphen, Satyrn, Silenen), in den Festzügen, welche die Menschen ihm zu Ehren veranstalten, wobei sie in Ekstase geraten und – wie es heißt – „voll des Gottes" („enthusiasmiert" S. 42) werden, wie Aschenbach es im Traume erlebt (S. 61/62).

Wenn nun Aschenbach in Tadzio „Standbild und Spiegel geistiger Schönheit" vor sich zu haben meint, „mit diesem Blick das Schöne selbst zu begreifen" glaubt (S. 42), so deutet er seinen Rausch in der Weise des apollinischen Prinzips. Die Symbolik, die Thomas Mann hier aus Nietzsches berühmter Abhandlung ‚Die Geburt der Tragödie aus dem Geiste der Musik' (1872) übernimmt, wird von dem Philosophen folgendermaßen auf die Kunst angewandt:

Nietzsches Verständnis von „dionysisch" und „apollinisch"

> Er unterscheidet grundsätzlich die Kunstwelt des *Traumes*, verkörpert durch den griechischen Gott *Apoll*, von der Kunstwelt des *Rausches*, deren mythischer Repräsentant *Dionysos* ist. Prototyp der apollinischen Kunst ist die *bildende Kunst*, Prototyp der dionysischen Kunst die *Musik*, also eine unbildliche Kunst. Der apollinische Künstler findet sich der Realität *gegenüber* und gestaltet sie in schönen Formen, der dionysische Künstler findet sich *mittendrin* in der Wirklichkeit und läßt sich mit Gefühl, Empfindung und Sinnlichkeit auf sie ein. Der apollinische Künstler lebt in Gewißheit seiner selbst und schafft in *maßvoller Begrenzung*, der dionysische gerät außer sich und *legt die Grenzen nieder*, die den Menschen vom Menschen und den Menschen von der Natur trennen. In der griechischen Tragödie seien die beiden Kunstwelten vereinigt, denn sie besteht aus der *darstellenden* dramatischen Handlung und der musikalischen Chorlyrik, die dem *Ausdruck* der Gefühle dient.

Die objektivierende Kunst Apolls, wie sie Aschenbach in seinem Werk durch „adelige Reinheit, Einfachheit und Ebenmäßigkeit der Formgebung" verwirklicht (S. 15), schafft nach Nietzsche also nur einen schönen *Schein*, stellt die Oberfläche der Dinge dar, unter der jedoch noch etwas anderes liegt. Wenn der Mensch dieses Andere – wie Aschenbach in seiner Leidenschaft für Tadzio – entdeckt, können ihn Schrecken oder auch Entzücken ergreifen; er wird zutiefst aufgewühlt und erfährt den „*Abgrund*" des Lebens (S. 15, 66).
Das apollinische Prinzip ist in der Novelle durch die antiken Textstücke vertreten, die Aschenbach bei seinen Überlegungen über „allgemeine Probleme der Form und der Kunst" (S. 28) und über Tadzios Schönheit im besonderen (S. 42) einfallen. Sie beziehen sich alle auf die Ideenlehre Platons (427–347 vor Chr.).

Dieser hatte als erster den Gebieten des *Guten* und des *Wahren* das Gebiet des *Schönen* zugefügt. Der Begriff des Schönen – damit sind wir bei Platons Kunstphilosophie – erhält nun eine ganz bestimmte Eigenart und Selbständigkeit. Das Schöne-an-sich (also das Urbild, die Idee, aufgrund deren alle schönen Dinge und Wesen schön sind) ist zwar wie die anderen Ideen – ewig, transzendent, unwandelbar. Aber im Unterschied zu den anderen Ideen, die rein *geistiger* Natur sind, tritt das Schöne *sinnlich* in Erscheinung. D.h. man kann eine Aussage als *wahr*, ein Handeln als *gut* immer nur deuten, niemals sehen oder hören. Das *Schöne* aber hat einen Liebreiz, der unmittelbar auf die Sinne wirkt, es tritt in Erscheinung.

Platons Lehre vom Schönen

In der Novelle treten diese beiden Wesenszüge der Kunst, der dionysische des Lebensabgrunds und der apollinische der schönen Erscheinung, in ein ganz enges Verhältnis. Aschenbach erlebt ja seinen (dionysischen) Rausch mit den Gedanken und Bildern der (apollinischen) Schönheitstheorie Platons (S. 42/43) und verwechselt die Schönheit seiner Prosa mit der leibhaftigen Schönheit Tadzios (S. 43/44). Diese Verwechslung wiederum empfindet er in seinem Gewissen als Ausschweifung (S. 44). So verdeutlicht der Erzähler, daß Künstlertum nach seiner Auffassung in einer „tiefen Instinktverschmelzung von Zucht und Zügellosigkeit" besteht (S. 44/45), daß auch „Form und Unbefangenheit" zum „Rausch und zur Begierde" führen, kurz: daß Kunst und Künstlertum immer apollinisch und dionysisch zugleich sind.

Verschmelzung von Zucht („apollinisch") und Zügellosigkeit („dionysisch")

Zur Komposition der Novelle

Personenkonstellation

Der Handlungsablauf beruht auf einer einzigartigen Personenkonstellation: Die beiden Hauptfiguren, auf deren Beziehung die Handlung aufgebaut wird, reden kein einziges Wort miteinander. Tadzio erscheint nur in der Perspektive Aschenbachs, und Aschenbach ist während des ganzen Geschehens mit seinen Empfindungen, Gedanken und Träumen allein. Eine Kommunikation findet zwischen den beiden Figuren nur mit Blicken statt. Der Erzähler hebt das Einzigartige dieser Personenkonstellation in einigen Kommentaren hervor. So betont er, als er Aschenbach über die Begegnungen der Herreise nachdenken läßt, daß der „Einsam-Stumme“ immer mehr aus solchen Begegnungen mache als der „Gesellige“, sich mit schweren und wunderlichen Gedanken belaste, die in einem Gespräch mit anderen Menschen „leichthin abzutun wären“ (S. 25). Und als Aschenbach die Gelegenheit verstreichen läßt, ein Wort an Tadzio zu richten, weist er den Leser darauf hin, daß man sich die Beziehung zu Tadzio auch ganz unproblematisch, als eine „leichte, heitere Bekanntschaft“ denken könne (S. 44). Ja, schon im zweiten Kapitel bemerkt er, daß der Preis der Einsamkeit, in welcher der allseits geachtete Dichter lebt, darin bestehe, daß sein Leben „voll unberatener, hart selbständiger Leiden und Kämpfe“ sei (S. 16).

Einsamkeit Aschenbachs

Die Technik des Leitmotivs: Die Todesboten

Die Leitfiguren

Gesprächskontakte gibt es nur zwischen Aschenbach und den Figuren, die seinen Weg nach Venedig säumen und bei denen er seine Erkundigungen über die Choleraepidemie einzieht. Diese Figuren, der Wanderer, der Schiffszahlmeister, der alte Geck auf dem Schiff, der Gondolier usw. (vgl. S. 32), haben als Leitfiguren eine wichtige kompositorische Bedeutung, insofern sie den Leser immer wieder daran erinnern, daß die Reise nach Venedig und in den Tod geht. Wie diese Leitfunktion erzähltechnisch ausgeführt wird, kann ein Textvergleich zeigen, der mit dem Wanderer des ersten Kapitels beginnt:

Figurenvergleich

Der Wanderer

(1) „Mäßig hochgewachsen, mager, bartlos und auffallend stumpfnäsig, gehörte der Mann zum rothaarigen Typ und besaß dessen milchige und sommersprossige Haut. Offenbar war er durchaus nicht bajuwarischen Schlages: wie denn wenigstens der breit und gerade gerandete Basthut, der ihm den Kopf bedeckte, seinem Aussehen ein Gepräge des Fremdländischen und Weitherkommenden verlieh. Freilich trug er dazu den landesüblichen Rucksack um die Schultern geschnallt, einen gelblichen Gurtanzug aus Lodenstoff, wie es schien, einen grauen Wetterkragen über dem linken Unterarm, den er in die Weiche gestützt hielt, und in der Rechten einen mit eiserner Spitze versehenen Stock, welchen er schräg gegen den Boden stemmte und auf dessen Krücke er, bei gekreuzten Füßen, die Hüfte lehnte. Erhobenen Hauptes, so daß an seinem hager dem losen Sporthemd entwachsenden Halse der Adamsapfel stark und nackt hervortrat, blickte er mit farblosen, rotbewimperten Augen, zwischen denen, sonderbar genug zu seiner kurz aufgeworfenen Nase passend, zwei senkrechte, energische Furchen standen, scharf spähend ins Weite. So – und vielleicht trug sein erhöhter und erhöhender Standort zu diesem Eindruck bei – hatte seine Haltung etwas herrisch Überschauendes, Kühnes oder selbst Wildes; denn sei es, daß er, geblendet, gegen die untergehende Sonne grimassierte oder daß es sich um eine dauernde physiognomische Entstellung handelte: seine Lippen schienen zu kurz, sie waren völlig von den Zähnen zurückgezogen, dergestalt, daß diese, bis zum Zahnfleisch bloßgelegt, weiß und lang dazwischen hervorbleckten.“ (S. 8)

Montage der Figur

Die Figur ist nach dem Montageprinzip gebaut: Zunächst handelt es sich einfach um einen *Wanderer*, worauf Rucksack, Gurtanzug, Wetterkragen, Stock und Sporthemd weisen. Wenn wir vom Ende der Reihe herkommen, wo sich Tadzio in den seelengeleitenden Gott verwandelt, können wir Hut, Stab und Haltung als Attribute des griechischen *Hermes*, Beschützers der Reisenden und Totengeleiters, erkennen. Die „kurz aufgeworfene Nase" ist dagegen das Merkmal der Silene oder Satyrn, der Begleiter des Gottes *Dionysos*, des aus Asien nach Hellas gekommenen ‚fremden Gottes' (vgl. S. 61). Die zuletzt beschriebene Mundpartie aber erinnert an *‚Gevatter Tod'*, wie er im neuzeitlichen ‚Totentanz' dargestellt zu werden pflegt. Umgekehrt sind wiederum Wanderer, Tod und Dionysos bereits Aspekte des griechischen Hermes, dessen Züge auch Tadzio trägt, der in der Sterbeszene als „Psychagog", Seelengeleiter, angesprochen wird (S. 68) und in der Straßensängerszene „am Steingeländer" lehnt, „die Füße gekreuzt, die rechte Hand in der tragenden Hüfte" (S. 54). Die Symbolik dieser Figur wird erst allmählich in der Novelle entfaltet, wobei die weiteren Figuren, ganz zuletzt auch Tadzio, die Funktion von ‚Todesboten' haben. Beim Gondolier ist das besonders deutlich, weil sein Fahrzeug schon „an den Tod selbst" erinnert (S. 22):

Hermes, der Seelengeleiter

Der Gondolier

(2) „Es war ein Mann von ungefälliger, ja brutaler Physiognomie, seemännisch blau gekleidet, mit einer gelben Schärpe gegürtet und einen formlosen Strohhut, dessen Geflecht sich aufzulösen begann, verwegen schief auf dem Kopfe. Seine Gesichtsbildung, sein blonder, lockiger Schnurrbart unter der kurz aufgeworfenen Nase ließen ihn durchaus nicht italienischen Schlages erscheinen. Obgleich eher schmächtig von Leibesbeschaffenheit, so daß man ihn für seinen Beruf nicht sonderlich geschickt geglaubt hätte, führte er das Ruder, bei jedem Schlage den ganzen Körper einsetzend, mit großer Energie. Ein paarmal zog er vor Anstrengung die Lippen zurück und entblößte seine weißen Zähne. Die rötlichen Brauen gerunzelt, blickte er über den Gast hinweg, indem er bestimmten, fast groben Tones erwiderte:
„Sie fahren zum Lido." (S. 23)

Zum Vergleich kann noch der Gitarrist herangezogen werden:

Der Gitarrist

(3) „Schmächtig gebaut und auch von Antlitz mager und ausgemergelt, stand er, abgetrennt von den Seinen, den schäbigen Filz im Nacken, so daß ein Wulst seines roten Haars unter der Krempe hervorquoll, in einer Haltung von frecher Bravour auf dem Kies und schleuderte zum Schollern der Saiten in eindringlichem Sprechgesang seine Späße zur Terrasse empor, indes vor produzierender Anstrengung die Adern auf seiner Stirn schwollen. Er schien nicht venezianischen Schlages, vielmehr von der Rasse der neapolitanischen Komiker, halb Zuhälter, halb Komödiant, brutal und verwegen, gefährlich und unterhaltend. Sein Lied, lediglich albern dem Wortlaute nach, gewann in seinem Munde, durch sein Mienenspiel, seine Körperbewegungen, seine Art, andeutend zu blinzeln und die Zunge schlüpfrig im Mundwinkel spielen zu lassen, etwas Zweideutiges, unbestimmt Anstößiges. Dem weichen Kragen des Sporthemdes, das er zu übrigens städtischer Kleidung trug, entwuchs ein hagerer Hals mit auffallend groß und nackt wirkendem Adamsapfel. Sein bleiches, stumpfnäsiges Gesicht, aus dessen bartlosen Zügen schwer auf sein Alter zu schließen war, schien durchpflügt von Grimassen und Laster, und sonderbar wollten zum Grinsen seines beweglichen Mundes die beiden Furchen passen, die trotzig, herrisch, fast wild zwischen seinen rötlichen Brauen standen." (S. 55)

Verhältnis der Figuren zueinander

Es handelt sich jedesmal um eine andere Figur, eben einen Wanderer, einen Bootsführer, einen Musiker. Die Figuren werden auch so beschrieben, daß sie deutlich unterscheidbar sind. Damit der Leser sie jedoch aufeinander beziehen kann, haben sie bestimmte gemeinsame Merkmale erhalten:

- den Körperbau: (1) „mäßig hochgewachsen, mager", (2) „schmächtig von Leibesbeschaffenheit", (3) „schmächtig gebaut und auch von Antlitz mager und ausgemergelt"
- die Rothaarigkeit: (1) „rothaariger Typ", (2) „die rötlichen Brauen", (3) „sein rotes Haar"
- die stumpfe Nase: (1) „auffallend stumpfnäsig", (2) „die kurz aufgeworfene Nase", (3) „sein ... stumpfnäsiges Gesicht"
- die Fremdartigkeit: (1) „durchaus nicht bajuwarischen Schlages", (2) „durchaus nicht italie-

Montage der Wanderergestalt im ersten Abschnitt

„Mäßig hochgewachsen, mager, bartlos und auffallend stumpfnäsig, gehörte der Mann zum rothaarigen Typ und besaß dessen milchige und sommersprossige Haut. Offenbar war er durchaus nicht bajuwarischen Schlages: wie denn wenigstens der breit und gerade gerandete Basthut, der ihm den Kopf bedeckte, seinem Aussehen ein Gepräge des Fremdländischen und Weitherkommenden verlieh. Freilich trug er dazu den landesüblichen Rucksack um die Schultern geschnallt, einen gelblichen Gurtanzug aus Lodenstoff, wie es schien, einen grauen Wetterkragen über dem linken Unterarm, den er in die Weiche gestützt hielt, und in der Rechten einen mit eiserner Spitze versehenen Stock, welchen er schräg gegen den Boden stemmte und auf dessen Krücke er, bei gekreuzten Füßen, die Hüfte lehnte. Erhobenen Hauptes, so daß an seinem hager dem losen Sporthemd entwachsenden Halse der Adamsapfel stark und nackt hervortrat, blickte er mit farblosen, rotbewimperten Augen, zwischen denen, sonderbar genug zu seiner kurz aufgeworfenen Nase passend, zwei senkrechte, energische Furchen standen, scharf spähend ins Weite. So – und vielleicht trug sein erhöhter und erhöhender Standort zu diesem Eindruck bei – hatte seine Haltung etwas herrisch Überschauendes, Kühnes oder selbst Wildes: denn sei es, daß er, geblendet, gegen die untergehende Sonne grimassierte oder daß es sich um eine dauernde physiognomische Entstellung handelte: seine Lippen schienen zu kurz, sie waren völlig von den Zähnen zurückgezogen, dergestalt, daß diese, bis zum Zahnfleisch bloßgelegt, weiß und lang dazwischen hervorbleckten.“

Satyr im Gefolge des Dionysos (Gravur auf einem antiken Spiegel)

Der griechische Gott
Hermes
(Vasenbild aus dem 5. Jh. vor Chr.)

Antiker Todesgott
(Römisches Relief)

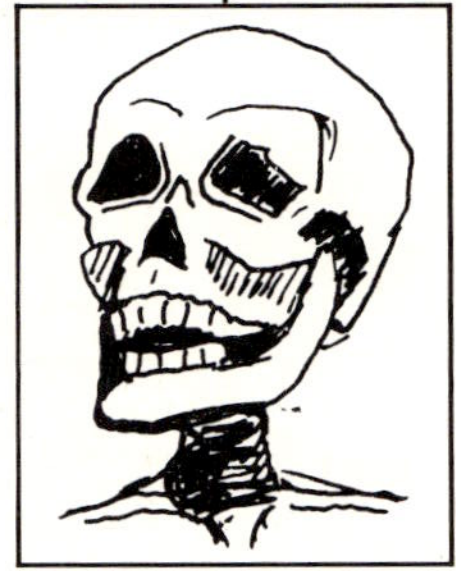

Gevatter Tod
(Holzschnitt eines Totentanzes aus dem 15. Jh.)

Wanderer
(Gemälde der Romantik)

Hermes ist Patron der Wanderer, Beschützer des jungen Dionysos und Geleiter der Seelen ins Totenreich (der Psychagogos des letzten Kapitels).

nischen Schlages", (3) „er schien nicht venezianischen Schlages"

- den Gesichtsausdruck: (1) „etwas herrisch Überschauendes, Kühnes oder selbst Wildes", (2) „von ungefälliger, ja brutaler Physiognomie", (3) „trotzig, herrisch, fast wild"
- den Hut: (1) „der breit und gerade gerandete Basthut", (2) „einen formlosen Strohhut", (3) „den schäbigen Filz im Nacken".

Manche Merkmale sind nur den Figuren (1) und (3) gemeinsam, denn die Beschreibung von (2) fällt kürzer aus. Alle drei aber zeigen das Totenkopfgebiß.

Das Gefüge der Leitmotive

Andere Leitmotive

Die Beziehungen, in denen die verschiedenen thematischen Aspekte entfaltet werden, lassen sich auch an zahlreichen anderen Leitmotiven verfolgen. Der Weg Aschenbachs in den „Abgrund" wird durch Hinweise des Erzählers auf eine zunehmende

Verfremdung der gewohnten Welt

Verfremdung der gewohnten Welt bezeichnet. Der Dichter bemerkt, daß „eine träumerische Entfremdung, eine Entstellung der Welt ins Sonderbare" um sich greift (S. 19). Ihm ist zumute, „als zeige die Welt eine leichte, doch nicht zu hemmende Neigung, sich ins Sonderbare und Fratzenhafte zu entstellen" (S. 21). Schließlich meint er, ins „elysische Land" entrückt zu sein, „wo leichtestes Leben den Menschen beschert ist" (S. 40), und hat seine Freude an der „heilig entstellten Welt voll panischen Lebens" (S. 46). Mit diesem neuen Lebensgefühl hängt auch das Meeresmotiv zusammen. Aschenbach möchte ein „ruhevoll inniges Verhältnis

Das Meer

zum Meere" finden (S. 17). Auf dem Schiff spürt er dann, wie ihm angesichts der „ungeheuren Scheibe des öden Meeres" auch „das Maß der Zeit" abhanden kommt (S. 19/20). Am Lido angekommen, genießt er die „Aussicht auf das offene Meer" (S. 25), die ihm nihilistische Anwandlungen bringt:

> „Er liebte das Meer aus tiefen Gründen: aus dem Ruheverlangen des schwer arbeitenden Künstlers,

> der vor der anspruchsvollen Vielgestalt der Erscheinungen an der Brust des Einfachen, Ungeheuren sich zu bergen begehrt; aus seinem verbotenen, seiner Aufgabe gerade entgegengesetzten und ebendarum verführerischen Hange zum Ungegliederten, Maßlosen, Ewigen, zum Nichts. Am Vollkommenen zu ruhen, ist die Sehnsucht dessen, der sich um das Vortreffliche müht; und ist nicht das Nichts eine Form des Vollkommenen?“ (S. 30 f.)

Das Meer als Symbol des Maßlosen, des Nichts

Tadzio und das Meer

Dieser Erzählerkommentar, der in ‚erlebte Rede‘ übergeht, leitet einen Auftritt Tadzios ein, dessen Gestalt plötzlich „die Horizontale des Ufersaums“ überschneidet, also geradewegs aus diesem Element des Einfachen und Ungegliederten herkommt. Auf diese Weise wird Tadzio, der Gegenstand von Aschenbachs Liebesleidenschaft, mit seiner Künstlerproblematik verbunden, die in seinem eigentlich „verbotenen, seiner Aufgabe gerade entgegengesetzten“ Hang „zum Maßlosen, Ewigen, zum Nichts“ besteht, seine Ermüdung im „Dienste der Form“ (S. 14) anzeigt. Mit dem Meeresmotiv endet auch die Handlung: Tadzio erscheint dem Sterbenden als eine „höchst abgesonderte und verbindungslose Erscheinung, mit flatterndem Haar dort draußen im Meere, im Winde, vorm Nebelhaft-Grenzenlosen“ (S. 68). Der Dichter, der sich „an der Brust des Einfachen, Ungeheuren“ zu bergen wünschte (S. 30), hat sein Ziel erreicht. Auch der Schauplatz der Novelle, Venedig, dient als wiederkehrendes Leitmotiv mit symbolischer Bedeutung, das in vielfältigen Beziehungen zu den anderen Motiven steht. Mit der Anspielung auf den Markusdom“ („das byzantinische Bauwerk ...“: S. 7/8) wird es gleich zu Anfang eingeführt und erscheint zu Beginn der Reise als das Ziel, das man erreichen muß, wenn man „über Nacht das Unvergleichliche, das märchenhaft Abweichende“ sucht (S. 17). Der „ziegenbärtige“ Zahlmeister nennt es „ein glücklich gewähltes Reiseziel“ (S. 18). Der Leser ahnt den Hintersinn dieser Worte: Venedig wird für Aschenbach nicht nur das „märchenhaft Abweichende“ bringen, sondern für ihn auch tödlich sein. In den Hinweisen auf den fauligen Geruch der Lagune und der Kanäle (S. 28, 34 ff., 50) wird die Vision des

Venedig als Leitmotiv

Helden von der „Urweltwildnis aus Inseln, Morästen und Schlamm führenden Wasserarmen ..." (S. 9) wieder aufgenommen, deren Geruch auch im dionysischen Traum eine Rolle spielt („Hauch wie von faulenden Wassern" S. 62). Die Stadt symbolisiert jene chaotische Welt, zu der sich Aschenbach plötzlich hingezogen fühlt.

Venedig als Symbol des Chaos

Es ist „die unwahrscheinlichste der Städte" (S. 21), die „gesunkene Königin" (S. 35), eine „wunderlich-wundersame Stadt" (S. 40), „die schmeichlerische und verdächtige Schöne" (S. 51), die nun die Krankheit beherbergt (S. 50), welche aus der gleichen Ferne herstammt, aus der ‚der fremde Gott' kommt.

Aschenbachs gespaltenes Verhältnis zu Venedig

Das gespaltene Verhältnis, das Aschenbach zu dieser Stadt hat, die ihm nie gut bekommen ist (S. 28, 34), entspricht seiner fragwürdigen Beziehung zu Tadzio und zu sich selbst („Zucht und Zügellosigkeit" S. 44):

> „Der Reisende schaute, und seine Brust war zerrissen. Die Atmosphäre der Stadt, diesen leis fauligen Geruch von Meer und Sumpf, den zu fliehen es ihn so sehr gedrängt hatte, – er atmete ihn jetzt in tiefen, zärtlich schmerzlichen Zügen ..." (S. 36)

Das gemeinsame Geheimnis

Schließlich wird die Stadt sozusagen zu seiner Komplizin:

> „... dieses schlimme Geheimnis der Stadt, das mit seinem eigenen Geheimnis verschmolz, und an dessen Bewahrung auch ihm so sehr gelegen war" (S. 50)

Die Stadt sucht ihre Krankheit zu verbergen, der Liebende seine Leidenschaft. Er weiß noch nicht, daß seine Leidenschaft nur dadurch verborgen bleibt, daß er an dem „Geheimnis der Stadt", an der Cholera, sterben wird. Vorläufig wendet er seine Aufmerksamkeit „jenem Abenteuer der Außenwelt" zu, „das mit dem seines Herzens dunkel zusammenfloß" (S. 53), weil er Tadzios Abreise fürchtet, wenn die Seuche allgemein bekannt wird.

Das Wetter als Leitmotiv

Auch das Wetter wird als Leitmotiv eingesetzt, um den Weg Aschenbachs in das Chaos und den Tod den passenden Hintergrund zu geben: Es beginnt damit, daß auch das Wetter aus der Ordnung geraten ist, mitten im Mai ein „falscher Hochsommer" (S. 7). Danach ist das Wetter geradezu ein Gliederungselement. Im dritten Kapitel, auf der Reise nach Venedig, ist der Himmel grau, der Wind feucht (S. 19). Auch nach der Ankunft am Lido läßt es sich noch nicht günstiger an (S. 28). An dem Tag, an dem Aschenbach Tadzios Kränklichkeit bemerkt, herrschen Scirocco und „widerliche Schwüle" (S. 34). Doch als nun der ‚glückliche' Zufall seine Abreise verhindert hat und Aschenbachs ‚elysische Phase' beginnt, d. h. im vierten Kapitel, gibt es einen sonnigen Tag nach dem andern. Im fünften Kapitel spiegelt dann das Wetter die um sich greifende Krankheit der Stadt und den Verfall Aschenbachs. Es herrscht Windstille, die Sonne brennt (S. 49), doch liegt ein Dunst über Venedig, „der den Himmel schieferig färbt" (S. 51). Als Aschenbach, im Besitz der Wahrheit über die Cholera, das englische Reisebüro verläßt, liegt „der Platz" bereits „in sonnenloser Schwüle" (S. 60). Nach der Verschönung durch den Hotelfriseur geht es ihm nicht mehr gut:

Das Wetter als Gliederungselement

> „Lauwarmer Sturmwind war aufgekommen; es regnete selten und spärlich, aber die Luft war feucht, dick und von Fäulnisdünsten erfüllt ..." (S. 64)

Und an Aschenbachs Todestag ist es „unwirtlich" am Strand, der Wind kälter geworden, „Herbstlichkeit, Überlebtheit" liegt über dem verlassenen „Lustort" (S. 67).

Die gliedernde Funktion von Leitmotiven läßt sich auch am Beispiel einer wiederkehrenden Gebärde erkennen:

Eine Gebärde als Leitmotiv und Gliederungselement

> (1) „Als er um sein fünfunddreißigstes Jahr in Wien erkrankte, äußerte ein feiner Beobachter über ihn in Gesellschaft: „Sehen Sie, Aschenbach hat von jeher nur so gelebt" – und der Sprecher schloß die Finger seiner Linken fest zur Faust –; „niemals so" – und er ließ die geöffnete Hand bequem von der Lehne des Sessels hängen. Das traf zu; und das Tapfer-Sittliche daran war, daß seine Natur von nichts weniger als robuster Verfassung und zur

ständigen Anspannung nur berufen, nicht eigentlich geboren war."
(S. 12)

(2) „Er saß ganz still, ganz ungesehen an seinem hohen Platze und blickte in sich hinein. Seine Züge waren erwacht, seine Brauen stiegen, ein aufmerksames, neugierig-geistiges Lächeln spannte seinen Mund. Dann hob er den Kopf und beschrieb mit beiden schlaff über die Lehne des Sessels hinabhängenden Armen eine langsam drehende und hebende Bewegung, die Handflächen vorwärtskehrend, so, als deute er Öffnen und Ausbreiten der Arme an. Es war eine bereitwillig willkommen heißende, gelassen aufnehmende Gebärde."
(S. 39)

(3) „Der, welcher dies Lächeln empfangen, enteilte damit wie mit einem verhängnisvollen Geschenk. Er war so sehr erschüttert, daß er das Licht der Terrasse, des Vorgartens zu fliehen gezwungen war und mit hastigen Schritten das Dunkel des rückwärtigen Parkes suchte. Sonderbar entrüstete und zärtliche Vermahnungen entrangen sich ihm: „Du darfst so nicht lächeln! Höre, man darf so niemandem lächeln!" Er warf sich auf eine Bank, er atmete außer sich den nächtlichen Duft der Pflanzen. Und zurückgelehnt, mit hängenden Armen, überwältigt und mehrfach von Schauern überlaufen, flüsterte er die stehende Formel der Sehnsucht, – unmöglich hier, absurd, verworfen, lächerlich und heilig doch, ehrwürdig auch hier noch: „Ich liebe dich!"
(S. 48)

Von der Zucht zur Zügellosigkeit

Es handelt sich um die Stelle aus dem zweiten Kapitel, an der die angestrengte Lebensweise Aschenbachs von einem Bekannten mit Hilfe einer Gebärde veranschaulicht wird (1), und um die Schlüsse des dritten (2) und des vierten Kapitels (3), wo jene Gebärde, die der Beobachter bei ihm vermißt hat, Aschenbachs Überwältigtsein ausdrückt. Die Reihe akzentuiert seinen Weg in den ‚Abgrund': Zuerst verbietet ihm die „von jung auf geübte Selbstzucht" (S. 10) jedes Nachlassen der „Anspannung". Als dann durch die Mißleitung des Gepäcks über sein Bleiben in Venedig entschieden ist, zeigt die Gebärde, daß Aschenbach sich in das Abenteuer eingelassen hat. Schließlich wird sie am Ende des vierten Kapitels zur Gebärde der Unterwerfung unter das Gefühl, das ihn überwältigt hat.

Zahlreiche Todessymbole

Die Leitmotivtechnik wird konsequent durchgeführt und schließt auch allerlei Details ein, z. B. eine Reihe von Todessymbolen, die durch die Einzelheiten des Nordfriedhofs im ersten Kapitel eröffnet wird.

Die Gondel

Die Gondel, die Aschenbach zum Lido übersetzt, wird als Todeszeichen ausführlich beschrieben (S. 22). Am Abend des Auftritts der Straßensänger im Hotel trinkt Aschenbach Granatapfelsaft (S. 54, 58: Der Granatapfel ist ein antikes Todessymbol) und erinnert sich der Sanduhr im Elternhaus, die schon fast abgelaufen ist (S. 58: Man denkt an seine „Besorgnis, die Uhre möchte abgelaufen sein" S. 10).

Der Granatapfel

Die Sanduhr

Der faulige Geruch

Auch die Geruchsempfindungen haben Leitmotivfunktion. Der „faulige Geruch der Lagune" (S. 28) kündigt die todbringende Cholera an. Und obwohl er weiß, daß ihm der Ort mit diesen Gerüchen nicht bekommt (S. 34), atmet er die schlechte Luft dann „in tiefen, zärtlich schmerzlichen Zügen" ein, weil er zu seinem Tadzio zurückkehren kann (S. 36). Der „Geruch der erkrankten Stadt" (S. 50) wird dann beim Fortschritt der Seuche durch Desinfektionsmittel bestimmt (S. 49, 56, 65). Die Verbindung mit dem Dionysosmotiv wird dadurch hergestellt, daß auch in dem Traum vom ‚fremden Gott' der Geruch von faulenden Wassern eine Rolle spielt (S. 62).

Erdbeeren

Aschenbachs Infektion wird vermutlich durch den Genuß von verseuchten Erdbeeren hervorgerufen (S. 65: „überreife und weiche Ware"). „Große, vollreife Erdbeeren" frühstückt Aschenbach dagegen, als er Tadzio kennengelernt hat (S. 32). So sind alle Details und alle Phasen des Handlungsablaufs der Novelle durch ein kunstvoll aufgebautes Gefüge von Leitmotiven miteinander verbunden.

Zur Erzählperspektive

Auktoriale und personale Perspektive

Kennzeichnend für die Erzählweise der Novelle ist ein ‚allwissender', d. h. auktorialer Erzähler, wie es schon aus dem ersten Abschnitt hervorgeht:

Auktoriale Erzählweise

„Gustav Aschenbach oder von Aschenbach, wie seit seinem fünfzigsten Geburtstag amtlich sein Name lautete, hatte an einem Frühlingsnachmittag des Jahres 19.., das unserem Kontinent monatelang eine so gefahrdrohende Miene zeigte, von seiner Wohnung in der Prinzregentenstraße zu München aus allein einen weiteren Spaziergang unternommen. Überreizt von der schwierigen und gefährlichen, eben jetzt eine höchste Behutsamkeit, Umsicht, Eindringlichkeit und Genauigkeit des Willens erfordernden Arbeit der Vormittagsstunden, hatte der Schriftsteller dem Fortschwingen des produzierenden Triebwerkes in seinem Innern, jenem ‚motus animi continuus', worin nach Cicero das Wesen der Beredsamkeit besteht, auch nach der Mittagsmahlzeit nicht Einhalt zu tun vermocht und den entlastenden Schlummer nicht gefunden, der ihm, bei zunehmender Abnutzbarkeit seiner Kräfte, einmal untertags so nötig war. So hatte er bald nach dem Tee das Freie gesucht, in der Hoffnung, daß Luft und Bewegung ihn wiederherstellen und ihm zu einem ersprießlichen Abend verhelfen würden." (S. 7)

Der Erzähler überblickt einen größeren zeitlichen Zusammenhang (1–3), weiß über die historische Situation Bescheid (4/5), kennt die Örtlichkeit (6). Er ist sowohl über die Probleme der schriftstellerischen Arbeit seines Helden wie über seine psychische und physische Eigenart informiert (8–19) und hat in seine inneren Vorgänge Einblick („in der Hoffnung" 20). Zudem kommentiert er das Erzählte mit Bemerkungen grundsätzlicher Art, welche seine klassische Bildung verraten (‚motus animi continuus' 14), indem er die Tatsache, daß seinem Helden das ‚Abschalten' nicht gelingt, für ein Merkmal literarischer Tätigkeit („Wesen der Beredsamkeit“ 15) überhaupt erklärt.

Personale Erzählperspektive

Doch ist diese auktoriale Erzählweise mit einer personalen Erzählperspektive gepaart, immer dann nämlich, wenn der Held dem geliebten polnischen Knaben begegnet. Da ja die Liebesleidenschaft und der dadurch verursachte „Irr- und Sündenweg“ (S. 66) Aschenbachs das Thema darstellen, ist Tadzio ganz in die Perspektive der Hauptfigur gerückt, wie eine Stelle aus der Straßensängerszene zeigt:

> „Aschenbach ruhte nicht mehr im Stuhl, er saß aufgerichtet wie zum Versuche der Abwehr oder Flucht. Aber das Gelächter, der heraufwehende Hospitalgeruch und die Nähe des Schönen verwoben sich ihm zu einem Traumbann, der unzerreißbar und unentrinnbar sein Haupt, seinen Sinn umfangen hielt. In der allgemeinen Bewegung und Zerstreuung wagte er es, zu Tadzio hinüberzublicken, und indem er es tat, durfte er bemerken, daß der Schöne, in Erwiderung seines Blickes, ebenfalls ernst blieb, ganz so, als richte er Verhalten und Miene nach der des anderen und als vermöge die allgemeine Stimmung nichts über ihn, da jener sich ihr entzog. Diese kindliche und beziehungsvolle Folgsamkeit hatte etwas Entwaffnendes, Überwältigendes, daß der Grauhaarige sich mit Mühe enthielt, sein Gesicht in den Händen zu verbergen. Auch hatte es ihm geschienen, als bedeute Tadzios gelegentliches Sichaufrichten und Aufatmen ein Seufzen, eine Beklemmung der Brust. ‚Er ist kränklich, er wird wahrscheinlich nicht alt werden‘, dachte er wiederum mit jener Sachlichkeit, zu welcher Rausch und Sehnsucht bisweilen sich sonderbar emanzipieren; und reine Fürsorge zugleich mit einer ausschweifenden Genugtuung erfüllte sein Herz.“ (S. 57)

Unterscheidung von auktorialer und personaler Erzählperspektive

Der auktoriale Erzähler beginnt mit einer Beschreibung von Aschenbachs Haltung (1/2) und seiner inneren Verfassung („Traumbann“ 5). Dann läßt der den Helden zu Tadzio hinüberblicken, dessen Erscheinung und Verhalten nun ganz in der Perspektive der Figur geschildert wird („durfte er bemerken“ 9; „hatte es ihm geschienen“ 18). Schließlich geht der Erzählerbericht in die Wiedergabe von Aschenbachs Gedanken über (20–26). Während der auktoriale Erzähler über die inneren Vorgänge der erzählten Figur verfügt, kann die Figur selbst in der personalen Perspektive über die psychischen Regungen Tadzios nur Vermutungen anstellen („ganz so, als richte er ...“ 11; „als bedeute ...“ 18).

Kommentare des auktorialen Erzählers

In dieses Gefüge von auktorialer und perspektivischer Erzählweise sind immer wieder Stellen eingewebt, in denen der ‚allwissende‘ Erzähler erzählte Details verallgemeinert und sozusagen die Rolle des Philosophen annimmt, wie z. B. in der Strandszene S. 30/31:

> „Ich will also bleiben, dachte Aschenbach. Wo wäre es besser? Und die Hände im Schoß gefaltet, ließ er seine Augen sich in den Weiten des Meeres verlieren, seinen Blick entgleiten, verschwimmen, sich brechen im eintönigen Dunst der Raumeswüste. Er liebte das Meer aus tiefen Gründen: aus dem Ruheverlangen des schwer arbeitenden Künstlers, der vor der anspruchsvollen Vielgestalt der Erscheinungen an der Brust des Einfachen, Ungeheuren sich zu bergen begehrt; aus einem verbotenen, seiner Aufgabe gerade entgegengesetzten und ebendarum verführerischen Hange zum Ungegliederten, Maßlosen, Ewigen, zum Nichts. Am Vollkommenen zu ruhen, ist die Sehnsucht dessen, der sich um das Vortreffliche müht; und ist nicht das Nichts eine Form des Vollkommenen? Wie er nun aber so tief ins Leere träumte, ward plötzlich die Horizontale des Ufersaumes von einer menschlichen Gestalt überschnitten, und als er seinen Blick aus dem Unbegrenzten einholte und sammelte, da war es der schöne Knabe, der, von links kommend, vor ihm im Sande vorüberging.“

Der Wechsel der Erzählweise ist deutlich markiert. Die Empfindungen, die der Held beim Anblick des Meeres hat, werden (mit eingelegter ‚erlebter Rede‘: „Ich will also bleiben ... Wo wäre es besser?“) beschrieben und psychologisch begründet (6–13): „Ruheverlangen des schwer arbeitenden Künstlers“, „Hang zum Ungegliederten, Maßlosen, Ewigen, zum Nichts“. Der Tempuswechsel („ist“ 14) markiert den verallgemeinernden Kommentar des Erzählers mit der anschließenden problematisierenden Frage, ob nicht das ‚Nichts' „eine Form des Vollkommenen" sei. Dann rückt der Erzähler, indem er seinen Bericht wiederaufnimmt, den aus dem Meer steigenden Tadzio in die Perspektive Aschenbachs, der „seinen Blick aus dem Unbegrenzten" einholt (19/20). Die Bemerkung vom Verlangen des Künstlers, „am Vollkommenen zu ruhen" (13/14), fügt die Textstelle in die thematische Linie der Künstlerproblematik ein, die sich durch die ganze Novelle zieht, so daß der Leser sie im Zusammenhang mit anderen Stellen verstehen kann, die dieser thematischen Leitlinie dienen. Am Schluß der Novelle aber sehen wir, wie diese Szene mit dem Tod Aschenbachs zusammenhängt, wo der gleiche Tadzio, „draußen im Meere" wandelnd, dem Sterbenden winkt, als ob er ihm „voranschwebe ins Verheißungsvoll-Ungeheure" (S. 68), von dem hier gesagt ist, es sei das „Ungegliederte, Maßlose, Ewige" oder das „Nichts" (13).

Verknüpfung mit der thematischen Leitlinie

Zwei Erzählebenen

Das Beispiel weist auf die Tatsache hin, daß in der Novelle ständig auf zwei Ebenen erzählt wird, auf der Ebene, die durch die Handlung bestimmt ist, und zugleich auf einer Ebene, die durch den Zusammenhang der thematischen Leitlinie (Künstlerproblematik) und das Motivgefüge der ‚Todesboten und Todessymbole' gebildet wird. Der Erzähler vermeidet den unmittelbaren Hinweis darauf, daß es sich bei dieser Ebene um eine symbolische handelt, die in Spannung zur realistischen Erzählebene stehen soll. Vielmehr macht er den Leser indirekt auf diese Spannung aufmerksam, z. B. an der folgenden Stelle, als Aschenbach gerade im Hotel am Lido eingetroffen ist:

> „Die Beobachtungen und Begegnisse des Einsam-Stummen sind zugleich verschwommener und eindringlicher, als die des Geselligen, seine Gedanken schwerer, wunderlicher und nie ohne einen Anflug von Traurigkeit. Bilder und Wahrnehmungen, die mit einem Blick, einem Lachen, einem Urteilsaustausch leichthin abzutun wären, beschäftigen ihn über Gebühr, vertiefen sich im Schweigen, werden

bedeutsam, Erlebnis, Abenteuer, Gefühl. Einsamkeit zeitigt das Originale, das gewagt und befremdend Schöne, das Gedicht. Einsamkeit zeitigt aber auch das Verkehrte, das Unverhältnismäßige, das Absurde und Unerlaubte. – So beunruhigten die Erscheinungen der Herreise, der gräßliche alte Stutzer mit seinem Gefasel vom Liebchen, der verpönte, um seinen Lohn geprellte Gondolier, noch jetzt das Gemüt des Reisenden. Ohne der Vernunft Schwierigkeiten zu bieten, ohne eigentlich Stoff zum Nachdenken zu geben, waren sie dennoch grundsonderbar von Natur, wie es ihm schien, und beunruhigend wohl eben durch diesen Widerspruch." (S. 25)

Ablenkung des Lesers

Die allgemeinen Ausführungen des auktorialen Erzählers über die unterschiedlichen Weisen, wie der „Einsam-Stumme" und wie der „Gesellige" Wahrnehmungen und Erlebnisse verarbeiten (1–13), scheinen dem Leser suggerieren zu wollen, daß „die Erscheinungen der Herreise" (14) nur in Aschenbachs Phantasie etwas Besonderes seien, also keine symbolische Bedeutung hätten. Dann aber nimmt der Erzähler die Perspektive des Dichters ein und charakterisiert die Beunruhigung, die jene Erscheinungen in ihm hervorgerufen haben (13–22). Diese besteht in dem Widerspruch (21/22), daß es sich um etwas handelt, was der Vernunft keine Schwierigkeiten bietet (17/18: Hinweis auf die realistische Erzählebene), jedoch „grundsonderbar von Natur" (20) ist (Hinweis auf die symbolische Erzählebene). Der Leser aber ist schon länger durch diesen Widerspruch beunruhigt, nämlich vom ersten Kapitel an, in dem ihn der Erzähler bereits auf das Ungewöhnliche und Seltsame der Wanderergestalt (S. 8/9) aufmerksam gemacht hat, die Aschenbach so erstaunlich schnell („in der nächsten Minute") vergaß.

Indirekter Hinweis auf die beiden Ebenen

Textmontage

Textmontage

Wenn man die Leitlinie der Künstlerproblematik verfolgt, wird eine weitere Eigenart der Erzählweise deutlich: Wo der Erzähler das Wort an seine Hauptfigur abgibt (es handelt sich allerdings um ‚inneren Monolog') bedient sich diese fremder Rede, d. h. in ihre Ausführungen sind – nach dem Montageprinzip – Texte anderer Autoren (mehr oder weniger resümiert und verändert) eingefügt. Besonders auffällig ist das an der Stelle des vierten Kapitels, wo Aschenbach – unter Zuhilfenahme von Platons Lehre vom Schönen – seine Begeisterung für Tadzio als künstlerisches Erlebnis interpretieren will. Er erinnert sich da der in der Schule gelesenen griechischen Klassiker und mühelos fließen ihm deren Worte in die eigene Sprache (vgl. S. 58/59).

Gültigkeit der verwendeten Fremdtexte

Für den Leser ergibt sich hier die Frage, welche Gültigkeit der verwendete antike Text haben soll: Handelt es sich um personale Perspektive? d. h. wird die Auffassung der Finger dadurch charakterisiert? Oder hat er „innerhalb der Komposition eine selbständige Funktion, ein symbolisches Eigenleben" (wie Thomas Mann am 30. 12. 1945 in einem Brief an Theodor W. Adorno formuliert)? Mit anderen Worten: Wie steht der Erzähler hier zu seiner Figur? Das Problem stellt sich noch schärfer in der Szene „auf den Stufen der Zisterne" (S. 65 f.), wo die gleiche Platon-Stelle (Phaidros 250 D f.) wieder verwendet wird. Inwieweit identifiziert sich hier der Erzähler mit seiner Figur, wenn er ihre Rede dadurch bewertet, daß er sie „seltsamer Traumlogik" zuschreibt? Die Frage, die Aschenbach hier in seinem Selbstgespräch beantwortet, hat der auktoriale Erzähler im zweiten Kapitel in seinem Kommentar zu dessen „Meisterlichkeit und Klassizität" selbst aufgeworfen:

Verhältnis von Erzähler und Figur

Frage des Erzählers – Antwort der Figur

> „Und hat Form nicht zweierlei Gesicht? Ist sie nicht sittlich und unsittlich zugleich, – sittlich als Ergebnis und Ausdruck der Zucht, unsittlich aber und selbst widersittlich , sofern sie von Natur eine moralische Gleichgültigkeit in sich schließt, ja wesentlich bestrebt ist, das Moralische unter ihr stolzes und unumschränktes Szepter zu beugen?" (S. 15/6)

Nun aber überläßt der Erzähler die Beantwortung der Frage seiner Figur und distanziert sich selbst davon mit der Bemerkung, daß es sich um „seltsame

Beispiel für Textmontage

So dachte der Enthusiasmierte; so vermochte er zu empfinden. Und aus Meerrausch und Sonnenglast spann sich ihm ein reizendes Bild. Es war die alte Platane unfern den Mauern Athens, – war jener heilig-schattige, vom Dufte der Keuschbaumblüten erfüllte Ort, den Weihbilder und fromme Gaben schmückten zu Ehren der Nymphen und des Acheloos. Ganz klar fiel der Bach zu Füßen des breitgeästeten Baums über glatte Kiesel; die Grillen geigten. Auf dem Rasen aber, der sanft abfiel, so, daß man im Liegen den Kopf hoch halten konnte, lagerten zwei, geborgen hier vor der Glut des Tages: ein Ältlicher und ein Junger, ein Häßlicher und ein Schöner, der Weise beim Liebenswürdigen. Und unter Artigkeiten und geistreich werbenden Scherzen belehrte Sokrates den Phaidros über Sehnsucht und Tugend. Er sprach ihm von dem heißen Erschrecken, das der Fühlende leidet, wenn sein Auge ein Gleichnis der ewigen Schönheit erblickt; sprach ihm von den Begierden des Weihelosen und Schlechten, der die Schönheit nicht denken kann, wenn er ihr Abbild sieht, und der Ehrfurcht nicht fähig ist; sprach von der heiligen Angst, die den Edlen befällt, wenn ein gottgleiches Antlitz, ein vollkommener Leib ihm erscheint, – wie er dann aufbebt und außer sich ist und hinzusehen sich kaum getraut und den verehrt, der die Schönheit hat, ja, ihm opfern würde, wie einer Bildsäule, wenn er nicht fürchten müßte, den Menschen närrisch zu scheinen. Denn die Schönheit, mein Phaidros, nur sie ist liebenswürdig und sichtbar zugleich: sie ist, merke das wohl! die einzige Form des Geistigen, welche wir sinnlich empfangen, sinnlich ertragen können. Oder was würde aus uns, wenn das Göttliche sonst, wenn Vernunft und Tugend und Wahrheit uns sinnlich erscheinen wollten! Würden wir nicht vergehen und verbrennen vor Liebe, wie Semele einstmals vor Zeus? So ist die Schönheit der Weg des Fühlenden zum Geiste, – nur der Weg, ein Mittel nur, kleiner Phaidros ... Und dann sprach er das Feinste aus, der verschlagene Hofmacher: Dies, daß der Liebende göttlicher sei, als der Geliebte, weil in jenem der Gott sei, nicht aber im andern, – diesen zärtlichsten, spöttischsten Gedanken vielleicht, der jemals gedacht ward und dem alle Schalkheit und heimlichste Wollust der Sehnsucht entspringt. (Der Tod in Venedig S. 42/3)

SOKRATES. Bei der Hera, ein schöner Ruheplatz! Hier die Platane, mächtig ausladend und hoch, und wie schön der Wipfel des Keuschbaumes und sein dichter Schatten, und wie er gerade in vollster Blüte steht, so daß er den Ort ganz mit seinem Dufte erfüllt. Und die lieblichste Quelle, die unter der Platane fließt, mit ganz kühlem Wasser, wie man am Fuße spürt. Nach den Mädchenfiguren und Weihbildern ist es offenbar ein Heiligtum einiger Nymphen und des Acheloos[15]. Wie man nur wünschen mag: wie angenehm und sehr süß ist das Wehen der Luft an diesem Orte. Sommerlich und hell tönt sie im Chor der Zikaden. Der Rasen aber ist der allerzarteste, wie er allmählich ansteigt, um, wenn man sich ausstrecken will, dem Haupte die angenehmste Stütze zu geben. Aufs beste hast du dich als Führer bewährt, mein lieber Phaidros.
(Phaidros 230 B/C)

(. . .) Ist doch das Gesicht bei uns die schärfste der körperlichen Wahrnehmungen, durch die aber die Weisheit nicht geschaut wird – denn eine furchtbare Liebe würde entfacht, wenn ein solches helles Bild von ihr selbst in unser Gesicht träte –, so auch das übrige, das der Liebe würdig ist. Nun aber hat die Schönheit allein dies Los, daß sie zugleich höchst klar Erscheinendes und höchst Liebenswertes ist. Doch wer nicht neu geweiht ist oder wer verdorben ist, der wird nicht heftig von hier zur Schönheit selbst dorthin gerissen, wenn er erblickt, was auf Erden ihren Namen trägt, und empfindet darum nicht Ehrfurcht bei ihrem Anblick, sondern der Lust ergeben strebt er in tierischer Art, sich ihr zu gatten und mit ihr zu zeugen, und scheut sich nicht, widernatürliche Lust zu suchen. Der Jüngst-Geweihte aber, der damals viel geschaut hat – wenn er ein gottähnliches Angesicht erblickt oder eine leibliche Gestalt, welche die Schönheit vollkommen abbildet, so befällt ihn zuerst ein Schauer, und etwas von den damaligen Ängsten überkommt ihn, dann aber, sie anschauend, verehrt er sie wie einen Gott, und fürchtete er nicht den Ruf eines übergroßen Rausches, so brächte er Opfer vor dem Geliebten, wie vor einem Götterbilde oder einem Gotte.
(Phaidros 250 D/251 A)

(. . .) Denn göttlicher ist der Liebhaber als der Geliebte; ist er doch des Gottes voll. Darum ehrten sie auch Achilles höher als Alkestis und versetzten ihn auf die Inseln der Seligen.
(Gastmahl 180 B)

Ironische Erzählweise

Traumlogik" handle. Der traditionelle auktoriale Erzähler hat offenbar seine Rolle gewechselt, gibt dem Leser nicht mehr die gewohnte Sicherheit, sondern versteckt sich gleichsam in einer ironischen Erzählweise, die dem Leser das Urteil darüber überläßt, inwieweit jene Frage damit zufriedenstellend beantwortet sei, daß Aschenbach – ausgehend von Platons Schönheitsphilosophie – feststellt:

> »Die Meisterhaltung unseres Stiles ist Lüge und Narrentum, unser Ruhm und Ehrenstand eine Posse, das Vertrauen der Menge zu uns höchst lächerlich ..." (S. 66)

Wer ist hier mit der ersten Person Plural („unseres", „uns") gemeint? Wird hier eine ganze Stilrichtung verurteilt, der Literatur jeglicher Bildungswert abgesprochen? Durch seine ironische Erzählperspektive verweigert der Text dem Leser die Bestätigung einer solchen Vermutung.

Zu Sprache und Stil der Novelle

Der Meisterstil als Parodie

In der Beurteilung von Aschenbachs Feststellung, daß „die Meisterhaltung unseres Stiles ... Lüge und Narrentum“ sei, wird der Leser auch durch die Tatsache verunsichert, daß die Geschichte des Mannes, der seine Würde aufs Spiel gesetzt hat, um zu der Erkenntnis von der Wertlosigkeit des Meisterstils zu gelangen, in eben dieser stilistischen Meisterhaltung erzählt wird. Welche Bedeutung haben Sprache und Stil Thomas Manns in Bezug auf dieses Problem? Nehmen wir ein beliebiges Beispiel, etwa aus dem zweiten Kapitel den Satz:

Bedeutung von Thomas Manns Meisterstil für das Thema

> „Nur ewiges Zigeunertum findet es langweilig und ist zu spotten geneigt, wenn ein großes Talent dem libertinischen Puppenstande entwächst, die Würde des Geistes ausdrucksvoll wahrzunehmen sich gewöhnt und die Hofsitten der Einsamkeit annimmt, die voll unberatener, hart selbständiger Leiden und Kämpfe war und es zu Macht und Ehren unter den Menschen brachte.“ (S. 16)

Satzbau

Der ebenmäßige Satzbau beweist, daß der Autor sich – wie sein Held – „seiner Meisterschaft jeden Augenblick sicher“ ist (S. 11). Ein Hauptsatz mit zwei unterschiedlich gebauten Prädikaten (‚es langweilig finden‘ / ‚zu spotten geneigt sein‘) führt auf einen dreigliedrigen Nebensatz hin (‚entwächst‘ / ‚wahrzunehmen sich gewöhnt‘ / ‚annimmt‘), an dessen letztes Hauptwort (‚Einsamkeit) ein Relativsatz anschließt, der wiederum zwei Glieder aufweist (‚voll Leiden und Kämpfe war‘ / ‚es zu Macht und Ehren brachte‘). Trotz seiner Länge ist der Satz ohne Mühe laut vorzutragen, weil seine rhythmische Gliederung dem Zuhörer jeweils abgeschlossene Sinneinheiten aufzunehmen und sie nacheinander zu einer komplexen Vorstellung aufzubauen gestattet, die Aschenbachs Aufstieg zur Würde umfaßt.

Wortwahl

Die Wortwahl zeigt, daß der Autor über einen Sprachvorrat verfügt, aus dem er die dem Gegenstand angemessenen Ausdrücke wählt: „zu spotten geneigt", „libertinischer Puppenstand", „entwachsen", „Hofsitten der Einsamkeit", „unberaten" usw. Jede gängige Ausdrucksweise („jedes gemeine Wort", wie es S. 16 heißt) wird vermieden; der Stil hat etwas Aristokratisches. Dem Leser wird allerlei zugemutet: Er muß z. B. das biologische Bild für ‚Reifwerden' entschlüsseln („dem Puppenstande entwachsen": wie die Insekten, die sich dann völlig verwandeln). Das Adjektiv ‚libertinisch' (etwa: ‚freizügig', ‚sich an Normen nicht gebunden fühlend') muß auf den vorangehenden Text bezogen werden, die Jugend des Künstlers und die Handlung der Erzählung vom ‚Elenden' (S. 14/15). Die „Hofsitten" wiederum bereiten den Leser auf das „Mustergültig-Feststehende, Geschliffen-Herkömmliche" von Aschenbachs Stil vor und auf die daraus folgende Verleihung des persönlichen Adels, wobei der Vergleich Aschenbachs mit Ludwig XIV. schon an der Grenze dessen liegt, was der Leser noch ernst nehmen kann. Kurz: Thomas Mann *parodiert* Aschenbachs Stil, behält die „Meisterhaltung" bei, um zu erzählen, wie jener Meister, der ein Geschöpf seiner schriftstellerischen Phantasie ist, sie als „Lüge und Narrentum" erkennt (S. 66).

Thomas Manns Meisterstil als Parodie

Die Rolle des klassischen Bildungsgutes

Das klassische Bildungsgut in der Novelle

Parodie sind folglich auch die vielen Anspielungen auf kunstgeschichtliche und literarische ‚Bildungsgüter' sowie auf mythische Figuren der Antike, mit deren Hilfe Aschenbach sich selbst und seine Erlebnisse interpretiert. Es sind die Elemente der damals – die Novelle entstand 1911 – herrschenden ‚humanistischen' Bildung. Zur Parodie gehört auch die Selbstverständlichkeit, mit welcher der Erzähler voraussetzt, daß der Leser über diese Bildung verfügt. In dieser Weise verkehrten ja die ‚Gebildeten' miteinander. So wird gleich zu Beginn der Novelle ein lateinisches Zitat (motus animi continuus = ständige geistige Bewegung) ohne Übersetzung gelassen (S. 7). Daß es sich bei dem „schwermütig-enthusiastischen Dichter", an dessen Gedicht sich

Ansprüche an den Leser

Aschenbach beim Einlaufen nach Venedig erinnert, um August von Platen handelt, bleibt unerwähnt (S. 20). Aschenbach will Tadzios „Schönheit ins Geistige ... tragen, wie der Adler einst den troischen Hirten zum Äther trug“ (S. 43/4). Daß er sich hier mit Zeus und den polnischen Knaben mit Ganymed vergleicht, muß der Leser ohne Hilfe eines Erzählerkommentars nachvollziehen. Daß er beim Lesen des Textes merkt, wenn der Sprachrhythmus in das Versmaß des Hexameters übergeht, setzt der Erzähler voraus. Vor allem im vierten Kapitel geschieht das oft, um die ‚elysische‘ Stimmung Aschenbachs (S. 40) zum Ausdruck zu bringen:

> „... als seí er entrückt ins elýsische Lánd, an die Grénzen der Érde ...“

Oder an anderer Stelle (S. 41):

> „Múscheln, Seepférdchen, Quállen und seítlich laúfende Krébse.“

Ironischerweise fährt dann der Erzäher fort, daß Aschenbach „nicht ein Wort von dem“ verstanden habe, was Tadzio da zu seiner Familie sagte, doch sei es „verschwommener Wohllaut in seinem Ohr“ gewesen. Und dieser Wohllaut hatte bezeichnenderweise Hexameterrhythmus.

Bildung und Selbsttäuschung

Die parodistische Absicht dieses antikisierenden Meisterstils muß im Zusammenhang mit der Thematik der Selbsttäuschung gesehen werden: Durch die klassische Bildung glaubt der würdige Künstler, den „moralischen Zweifelsinn“ überwunden zu haben, durch seine Orientierung an der apollinischen Kunstwelt meint er, vor dem dionysischen „Abgrund“ sicher zu sein. Daß die Geschichte von Aschenbachs Weg in den „Abgrund“ im Stil der zu dieser Kunstwelt gehörenden „Meisterlichkeit und Klassizität“ erzählt wird, hebt ihre unbefragte Geltung auf. Die Zeit der ‚Mustergültigkeit‘ der ‚humanistischen‘ Bildung ist vorbei, der ‚klassizistische‘ Meisterstil kann nur noch in parodistischer Absicht überzeugend wirken.

Der ironische Ton

Ironisierung der vornehmen Gesellschaft

Dazu paßt der *ironische Ton*, in dem die Welt der vornehmen Gesellschaft geschildert wird:

> „In dem Raum herrschte die feierliche Stille, die zum Ehrgeiz der großen Hotels gehört. Die bedienenden Kellner gingen auf leisen Sohlen umher. Ein Klappern des Teegerätes, ein halbgeflüstertes Wort war alles, was man vernahm. In einem Winkel, schräg gegenüber der Tür und zwei Tische von seinem entfernt, bemerkte Aschenbach die polnischen Mädchen mit ihrer Erzieherin. Sehr aufrecht, das aschblonde Haar neu geglättet und mit geröteten Augen, in steifen blauleinenen Kleidern mit kleinen weißen Fallkrägen und Manschetten saßen sie da und reichten einander ein Glas mit Eingemachtem. Sie waren mit ihrem Frühstück fast fertig. Der Knabe fehlte." (S. 28/29)

Die „feierliche Stille" wird als willentliche Veranstaltung („Ehrgeiz") entlarvt und durch die Wahl der Details („auf leisen Sohlen" usw.) fast unmerklich verspottet. Die Charakterisierung der Mädchen und ihrer Erzieherin („sehr aufrecht", „mit geröteten Augen" usw.) rückt die ‚Manieren', das ‚gute Benehmen', das in dieser Gesellschaftsklasse üblich ist, in eine kritische Distanz. Was hier durch stilistische Mittel behutsam geschieht, erhält dann in der burlesken Straßensängerszene einen schärferen Akzent, der Eindruck nämlich, „als gäbe es nichts Komischeres, als die lachende Gesellschaft dort oben" (S. 57), die nicht merkt, daß sie Gegenstand eines „Hohngelächters" geworden ist.

Das Hohngelächter

Thomas Manns stilistische Leistung

Bei aller parodistischen Absicht und ironischen Distanzierung darf die stilistische Leistung nicht vergessen werden, die darin liegt, daß der Autor in Wortwahl und Satzbau mit großer Treffsicherheit die jeweils dem Gegenstand entsprechende sprachliche Formulierung findet. So wird z. B. Tadzio in den ersten Tagen, da Aschenbach ihn noch mit dem

Auge des Künstlers sieht, als „Gott" bezeichnet (S. 33), dann aber, als der Liebhaber ihn durch die Gassen von Venedig verfolgt, als „Abgott" (S. 49). An anderer Stelle ist eine seelische Bewegung durch eine Reihe von Synonymen genau beschrieben:

Differenzierung durch Synonyme

> „War es möglich, daß er nicht gewußt, nicht bedacht hatte, wie sehr sein Herz an dem allen hing? Was heute morgen ein halbes *Bedauern*, ein leiser *Zweifel* an der Richtigkeit seines Tuns gewesen war, das wurde jetzt zum *Harm*, zum wirklichen *Weh*, zu einer *Seelennot* ..." (S. 36)

Die Reue über die allzu schnell beschlossene Abreise steigert sich bei Aschenbach bis zur „Seelennot", die „ihm mehrmals Tränen in die Augen" treibt. Das zweite Kapitel, das der Charakterisierung der Hauptfigur dient, beginnt folgendermaßen:

Der Werkkatalog im zweiten Kapitel

> „Der Autor der klaren und mächtigen Prosa-Epopöe vom Leben Friedrichs von Preußen; der geduldige Künstler, der in langem Fleiß den figurenreichen, so vielerlei Menschenschicksal im Schatten einer Idee versammelnden Romanteppich, ‚Maja' mit Namen, wob; der Schöpfer jener starken Erzählung, die ‚Ein Elender' überschrieben ist und einer ganzen dankbaren Jugend die Möglichkeit sittlicher Entschlossenheit jenseits der tiefsten Erkenntnis zeigte; der Verfasser endlich (und damit sind die Werke seiner Reifezeit kurz bezeichnet) der leidenschaftlichen Abhandlung über ‚Geist und Kunst', deren ordnende Kraft und antithetische Beredsamkeit ernste Beurteiler vermochte, sie unmittelbar neben Schillers Raisonnement über naive und sentimentalische Dichtung zu stellen: Gustav Aschenbach also war zu L., einer Kreisstadt der Provinz Schlesien, als Sohn eines höheren Justizbeamten geboren." (S. 11)

Es ist ein umfangreicher, 115 Wörter enthaltender Satz, der dennoch einfach gebaut ist: Er hat die Form eines Werkkataloges, der in eine Angabe von Namen, Geburtsort und gesellschaftlicher Herkunft des Helden einmündet. Durch diese Zielgerichtetheit werden die vier, durch Semikolon abgeschlossenen, Teile des Werkregisters und der

Namenssatz zusammengehalten. Dieser Schluß, der nur 17 Wörter umfaßt, läßt lange auf sich warten, ohne daß dadurch der Katalogteil (98 Wörter) das Übergewicht erhält. Dieser hat ja die Form vorweggenommener Appositionen zu dem Subjekt „Gustav Aschenbach“, auf welches das Ganze sozusagen hinausläuft. Man fragt sich, warum der Verfasser diese ungewöhnliche Anordnung vornimmt. Er hätte doch mit den persönlichen Daten anfangen und dann die Bücher nennen können, die Aschenbach geschrieben hat. Die Anordnung entspricht aber genau dem Lebensprinzip dieses Mannes: Zuerst kommt das *Werk*, dann erst der *Mensch*, zuerst sein *Ruhm*, dann das *Private*. Die vier Teile des Werkkataloges sind nach dem Gesetz der wachsenden Glieder aufgebaut: Der erste enthält 12, der zweite 22, der dritte 24, der vierte schließlich 40 Wörter. Auch die syntaktische Differenzierung nimmt zu: Im ersten Teil haben wir nur eine Nominalgruppe, im zweiten zusätzlich einen Relativsatz, im dritten zwei durch ‚und‘ verbundene Relativsätze, im vierten Teil ist eine Parenthese in Klammern eingefügt, und der Relativsatz ist durch eine Infinitivkonstruktion erweitert. Eine Entwicklung der literarischen Karriere Aschenbachs scheint angedeutet: Zuerst bewährt sich der Dichter an der Bewältigung eines großen *Stoffes*, der Biographie Friedrich des Großen. Dann zeigt er seine Kunst, verschiedene Gegenstände unter einer „Idee“ zu „versammeln“ und zu einem Ganzen zu *gestalten*. In einem dritten Werk beweist er seine Fähigkeit, eine *ethische Botschaft* schriftstellerisch darzustellen. Und schließlich erhebt er sich auf die Höhen philosophisch-didaktischer („antithetische Beredsamkeit“) *Reflexion*, die man sogar neben Schillers bedeutendste Äußerung zur Dichtungstheorie stellt. In diesen Stufen (Stoff – Gestaltung – Ethos – Philosophie) wird schon zu Anfang des Kapitels verdeutlicht, was dann (S. 14) als „Aufstieg zur Würde“ bezeichnet wird. Der Satz erfüllt so die Funktion einer Exposition, indem der Werkkatalog bereits die wichtigsten Eigenschaften Aschenbachs vorwegnimmt, die im folgenden näher ausgeführt werden: den „Aufstieg zur Würde“, „Leistung und

Akzentsetzung durch Satzbau

Syntaktische Abbildung von Aschenbachs Entwicklung

Ruhm“, das preußische Vorbild als Beispiel dafür, daß „alles Große ... als ein Trotzdem“ dasteht, die Entscheidung für die „moralische Entschlossenheit“ gegen die „Sympathie mit dem Abgrund“ (S. 15).

Biographische Bezüge

Wenn ein Schriftsteller Probleme, Krise und Untergang eines Schriftstellers in einer Novelle gestaltet, liegt die Frage nahe, inwieweit die Problematik des Helden mit seiner eigenen zusammenhängt. Da fällt zunächst auf, daß die Titel des Werkkatalogs am Anfang des zweiten Kapitels der Novelle in der Biographie Thomas Manns eine Rolle spielen. Sämtliche in dem Katalog aufgeführte Werke Aschenbachs sind Projekte Thomas Manns aus dem Jahrzehnt 1900–1910:

Übereinstimmungen zwischen Autor und Figur

> „Aus dem geplanten Friedrich-Roman wurde 1915 die Schrift ‚Friedrich und die große Koalition'. Am Essay ‚Geist und Kunst' arbeitete Mann 1909. Themen, Figuren und Episoden zu ‚Maja' wurden später im ‚Doktor Faustus' verarbeitet. Zum ‚Elenden' gibt es zahlreiche Notizen." (Reed, S. 130)

Der Gedanke an Meisterschaft

Der Gedanke an Meisterschaft und Meistertum hat Thomas Mann in diesen Jahren stark beschäftigt. So schreibt er am 5. 12. 1905 an seinen Bruder Heinrich Mann:

> „Ich bin jetzt dreißig. Es ist Zeit, auf ein Meisterwerk zu sinnen."

Er ist sich bewußt, daß er seit den ‚Buddenbrooks' (1901) nichts mehr von gleicher Qualität geliefert hat:

> „Der ‚Friedrich', die ‚Maja', die Novellen, die ich schreiben möchte, könnten Meisterwerke werden." (Am 11. 6. 1906 an Heinrich Mann)

Erschöpfung

Auch klagt Thomas Mann in den Briefen an den Bruder über fehlende Arbeitslust, geistige Stagnation, Festsitzen, Erschöpfung. Es ist Aschenbachs Situation im ersten Kapitel: „Zunehmende Abnutzbarkeit seiner Kräfte" (S. 7), „Besorgnis, die Uhr möchte abgelaufen sein, bevor er das Seine getan..." (S. 10), „wachsende Müdigkeit" (S. 10),

„unzufriedene Langsamkeit“ (S. 11). Im Unterschied zu Aschenbach, der „sich seiner Meisterschaft jeden Augenblick in Gelassenheit sicher fühlte“ (S. 11), stand Thomas Mann seinen Meistergelüsten jedoch durchaus kritisch gegenüber. In einem Notizbucheintrag von 1905 findet sich der Plan, diese Kritik literarisch zu gestalten:

Erster Plan

> „... der erhöhte Respekt vor sich selbst, das gesteigerte sich Ernstnehmen ..., die Neigung, sich als nationaler Faktor, sich überhaupt national zu nehmen, der Blick auf die Literaturgeschichte etc. Das ist darzustellen ... Das Leid und die tragische Verirrung eines Künstlers ist zu zeigen, der Phantasie ... genug hat, um an den ehrgeizigen Ansprüchen, zu denen der Erfolg ihn verleitet und denen er nicht gewachsen ist, zu Grunde zu gehen.“ (Reed, S. 149)

Venedig-Erlebnis

Die zweite Gemeinsamkeit des Verfassers mit seiner Figur ist das Venedig-Erlebnis. Im Sommer 1911, nach Monaten „kümmerlicher“ Arbeit und einem lange sich hinziehenden Unwohlsein, das in einer „momentanen Erschöpfung des Centralnervensystems“ gipfelte, wie er am 24. 3. 1911 an den Bruder schreibt, verbringt Thomas Mann einige Tage am Lido. Einem Freund gegenüber äußert er sich, er habe von dort eine „Novelle“ mitgebracht,

> „ernst und rein im Ton, einen Fall von Knabenliebe bei einem alternden Künstler behandelnd. Sie sagen ‚hum.hum!‘ Aber es ist sehr anständig“ (An Philipp Witkop am 18. 7. 1911).

Der muntere Ton verbirgt das persönliche Erlebnis, das dahintersteckt. Jahre später hat er sich über dieses „persönlich-lyrische Reiseerlebnis“ zu einem anderen Freunde geäußert und zugegeben, daß die Novelle „im Kern hymnisch geartet, ja eines hymnischen Ursprungs“ sei. Aber Thomas Mann ist nicht Aschenbach: Er weiß um den

Das „persönlich-lyrische“ Erlebnis

> „Unterschied zwischen dem dionysischen Geist unverantwortlich-individualistisch sich ausströmender Lyrik und dem apollinischen objektiv gebundener, sittlich-gesellschaftlich verantwortlicher Epik“
> (Am 4. 7. 1920 an Carl Maria Weber)

und befreit sich von dem Erlebnis, indem er als Epiker seine Figur Aschenbach daran scheitern läßt.

Der wirkliche Tadzio

Nach Thomas Manns Tod kam zutage, daß sich die im ‚Tod in Venedig' porträtierte polnische Familie in der Novelle wiedererkannt hatte. Auch bestätigte sie die Genauigkeit der Milieuschilderung. Wladislaw Moers (geb. 1896), Vorbild Tadzios, schreibt:

> „Ich galt als ein sehr hübsches Kind, und die Frauen haben mich bewundert, haben mich im Vorübergehen auf der Promenade geküßt. Man hat mich gemalt und skizziert. In meiner Erinnerung scheint mir aber alles gleichgültig gewesen zu sein; ich hatte genau die kindlich-lässige Art, wie sie verwöhnte und frühreife Kinder zuweilen zur Schau tragen. Im ‚Tod in Venedig' ist das besser beschrieben, als ich das je könnte. Einen starken Eindruck muß damals auch auf den Dichter meine ungewöhnliche Kleidung gemacht haben, über die er sich bis ins Detail genau ausläßt: der gestreifte Leinenanzug mit der roten Schleife etwa oder meine blaue Lieblingsjacke mit den goldenen Knöpfen." (Zitat bei: de Mendelssohn, S. 877f.)

Als Luchino Visconti aus der Novelle seinen Film machte, meldete sich aus London, wohin es ihn verschlagen hatte, auch ‚Jaschu' Fudakowski und sandte einer englischen Zeitung ein Kinderbild der beiden Knaben mit ihren großen Strohhüten, aufgenommen am Lido im Mai 1911.

Platons Lehre vom Schönen

Schließlich ist Thomas Mann und Aschenbach das Interesse für Platons Schönheitsphilosophie gemeinsam. Die in den Text montierten Ausschnitte aus Platon und Plutarch sprechen immer wieder davon, daß „die Schönheit der Weg des Fühlenden zum Geiste" sei (S. 43) und daher vor allem den „Weg des Künstlers zum Geiste" darstelle (S. 65/66). Die Arbeitsnotizen Thomas Manns zum ‚Tod in Venedig' zeigen, daß er diese Texte sehr ausführlich exzerpiert und ihren Inhalt mit eigenen Worten resümiert, d.h. daß er ihre Lehre studiert hat. Da diese vom

Eros und Kunst

– Adel der homoerotischen Liebe (vgl. S. 52 der Novelle),

– von ihrer Befähigung zur schöpferischen Betätigung (vgl. S. 43),
– von der Ebenbürtigkeit geistiger Zeugung mit der Zeugung leiblicher Kinder (vgl. S. 33) und
– von der Schönheit als Abbild der göttlichen Idee (vgl. S. 42) handelt,

konnte darin eine Rechtfertigung gefunden werden, sich der Liebe hinzugeben und sie mit dem eigenen Künstlertum zu verbinden. Doch weder Thomas Mann noch Aschenbach sind antike Griechen, so daß der Versuch einer solchen Rechtfertigung zur Selbsttäuschung führen muß. Thomas Mann hat sich in dem Brief an Carl Maria Weber vom 4. 7. 1920 darüber geäußert, daß es um die „durchaus nicht ‚griechische', sondern protestantisch-puritanische (‚bürgerliche') Grundverfassung des erlebenden Helden nicht nur, sondern seiner selbst" gehe; „mit anderen Worten" – fährt er fort – „unser gründlich mißtrauisches, gründlich pessimistisches Verhältnis zur Leidenschaft selbst und überhaupt". In den Arbeitsnotizen findet sich auch jene Stelle aus Platons ‚Gastmahl', in der von dem stufenweisen Aufstieg die Rede ist, den der vom Eros Erfaßte nimmt, bis er seine Leidenschaft in die Liebe zur Weisheit, d. h. in Philosophie, verwandelt hat:

Bürgerliche „Grundverfassung" des Helden

Aufstieg vom Eros zur Philosophie bei Platon

> „Er wird zuerst von allen Dingen die Schönheit lernen und zu jener ewigen Schönheit wie auf Stufen kommen, Sokrates, wie auf Stufen, Stufen: auf der ersten sieht er die Schönheit eines Körpers, auf der zweiten die Schönheit zweier, und dann sieht er die Schönheit aller Körper, und von den schönen Körpern steigt er weiter zu den schönen Sitten, von den schönen Sitten zu den schönen Lehren, und von den schönen Lehren trägt ihn noch die letzte Stufe zu jener einzigen Wissenschaft, die da die ewige Schönheit begreift. ..."
> (Nr. 16, Reed S. 103)

Aber ein solcher Aufstieg aus erotischer Leidenschaft bis in die Höhen vollkommener Erkenntnis ist kein Thema mehr für eine Künstlernovelle am Anfang des 20. Jahrhunderts. Deshalb wird im Novellenplan, der schon die Beziehungen zwischen dem zweiten und dem fünften Kapitel festlegt, die

Novellenplan

Thematisierung der Spannung zwischen Künstlertum und Bürgertum

Spannung zwischen Künstlertum und Bürgertum thematisiert:

> „Vorfahren, dienstlich tapfer
> Ruhmliebe und Befähigung zum Ruhm
> Durchhalten. Zucht. Kriegerdienst. Unter der Spannung großer Werke. Das Trotzdem.
> Aufstieg von der Problematik zur Würde …
> Der Konflikt ist: von der ‚Würde' aus, von der Erkenntnisfeindschaft und zweiten Unbefangenheit, aus antianalytischem Zustande gerät er in diese Leidenschaft. Die Form ist die Sünde. Die Oberfläche ist der Abgrund. Wie sehr wird dem würdig gewordenen Künstler die Kunst noch einmal zum Problem!
> Eros ist für den Künstler der Führer zum Intellektuellen, zur geistigen Schönheit, der Weg zum Höchsten geht für ihn durch die Sinne. Aber das ist ein gefährlich lieblicher Weg, ein Irrweg und Sündenweg, obgleich es einen anderen nicht gibt …
> Einsicht, daß der Künstler nicht würdig sein kann, daß er notwendig in die Irre geht, Bohemien (Zigeuner, Libertiner) und ewig Abenteurer des Gefühls bleibt. Die Haltung seines Styles erscheint ihm als Lüge und Narrentum, Orden, Ehren, Adel höchst lächerlich. Die Würde rettet allein der Tod (die ‚Tragödie', das ‚Meer' – Rat, Ausweg und Zuflucht aller höheren Liebe). Der Ruhm des Künstlers eine Farce, das Massenzutrauen zu ihm eine Dummheit, Erziehung durch die Kunst ein gewagtes, zu verbietendes Unternehmen.
> Ironie, daß die Knaben ihn lesen. Ironie der Offizialität, der Nobilitierung …"
> (Nr. 4, Reed S. 87)

Thomas Manns Auffassung vom Künstlertum

Aschenbachs Weg kann nicht ins Reich der Ideen führen, sondern nur in die Desillusionierung, zu der Erkenntnis, daß Künstlertum mit bürgerlicher Prominenz unvereinbar ist. Thomas Mann selbst hat dieser Erkenntnis schon 1907 folgendermaßen Ausdruck gegeben:

> „Diejenigen, die meine Schriften durchgeblättert haben, werden sich erinnern, daß ich der Lebensform des Künstlers, des Dichters stets mit dem äußersten Mißtrauen gegenüberstand. In der Tat wird mein Erstaunen über die Ehren, welche die Gesellschaft dieser Spezies erweist, niemals enden.

> Ich weiß, was ein Dichter ist, denn bestätigtermaßen bin ich selber einer. Ein Dichter ist, kurz gesagt, ein auf allen Gebieten ernsthafter Tätigkeit unbedingt unbrauchbarer, einzig auf Allotria bedachter, dem Staate nicht nur nicht nützlicher, sondern sogar aufsässig gesinnter Kumpan, der nicht einmal sonderliche Verstandesgaben zu besitzen braucht, sondern so langsamen und unscharfen Geistes sein mag, wie ich es immer gewesen bin, – übrigens ein innerlich kindischer, zur Ausschweifung geneigter und in jedem Betrachte anrüchiger Scharlatan, der von der Gesellschaft nichts anderes sollte zu gewärtigen haben – und im Grunde auch nichts anderes gewärtigt – als stille Verachtung. Tatsache aber ist, daß die Gesellschaft diesem Menschenschlage die Möglichkeit gewährt, es in ihrer Mitte zu Ansehn und höchstem Wohlleben zu bringen."
> (Thomas Mann: Altes und Neues, Frankfurt a. M.: S. Fischer 1961, S. 625 f.)

Damit war die Künstlerproblematik festgelegt, die in der Novelle behandelt werden sollte, doch blieb noch offen, wie die Handlung im einzelnen durchzuführen, welches Ende Aschenbach zugedacht war. Diese Frage muß Thomas Mann lange beschäftigt haben, denn noch im April 1912 schreibt er an den Bruder Heinrich, daß er „den Schluß nicht finden" könne. Endlich entschließt er sich, den würdigen Dichter in „völlige Demoralisation" geraten zu lassen, wie es die Skizze zum fünften Kapitel zeigt:

Schwierigkeit, den Schluß zu finden

Skizze zum fünften Kapitel

> „Fängt an, ihn zu verfolgen. (Bei Tage verfolgt er ihn ohn Unterlaß, des Nachts wacht er –.) (Dem Liebenden giebt die Liebe Freiheiten – zum Sklaven zu werden.)
> Das buhlerische Venedig.
> Auf welchen Wegen! – Sucht sich sittlich zu stützen. Erinnerung an seine Vorfahren, an sein tapferes Leben. Eros und Tapferkeit. Neue Eindrücke vom „Übel". Der Manager. Der Musikant. Der Engländer. Die Seuche.
> Mitschuld. – Wilder Traum vom fremden Gott.
> Entnervung und völlige Demoralisation. Haarfärben und Locken. Verfolgung durch das kranke Venedig. Die Erdbeeren, Erkenntnis bei der Cisterne. Letzter Anblick und Auflösung."
> (Nr. 31, Reed S. 120)

Thomas Manns Verarbeitung der Schaffenskrise

Thomas Mann verarbeitet also seine Schaffenskrise und das Venedig-Erlebnis, indem er seine Figur genau das tun läßt, wovor er sich selbst bewahren kann. Aschenbach läßt sich „am Narrenseile ... von der Passion“ leiten (S. 65) bis zur tiefsten Entwürdigung, in der ihn die Erkenntnis von der Brüchigkeit seiner Meisterschaft überwältigt (S. 66). Thomas Mann verhilft der Eros dagegen zu neuer Schaffenskraft. Er distanziert sich vom persönlichen Erlebnis genauso, wie er sich hütet, die Attitude des Meisters anzunehmen, diese vielmehr nur in parodistischer Absicht gebraucht.

Frühere Werke zur Künstlerproblematik

So schließt sich der ‚Tod in Venedig‘ an die früheren Werke an, in denen Thomas Mann sein Problem, das in der Spannung zwischen seinem Bürgertum und seinem Künstlertum besteht, behandelt hat. Wie Hanno in den ‚Buddenbrooks‘ (1901), Spinell im ‚Tristan‘ (1903) und Tonio Kröger in der gleichnamigen Novelle (1903) leidet auch Aschenbach an dieser Spannung und geht schließlich an ihr zugrunde. In diesen Figuren hat sich Thomas Manns Auseinandersetzung mit seiner eigenen künstlerischen Existenz niedergeschlagen:

> „Ein Bürger, der sich in die Kunst verirrte, ein Bohemien mit Heimweh nach der guten Kinderstube, ein Künstler mit schlechtem Gewissen ...“

so hat er sein Selbstverständnis im ‚Tonio Kröger‘ formuliert. „Ich stehe zwischen zwei Welten, bin in keiner daheim und habe es infolgedessen ein wenig schwer“, so sieht er seine Position in diesem Spannungsfeld.

Interpretationsansätze

Thomas Manns Selbstinterpretation

In der Selbstinterpretation, die der 64jährige Thomas Mann in einem Vortrag seiner Novelle widmet, werden die autobiographischen Bezüge (Schaffenskrise, Venedig-Erlebnis, persönliche Auseinandersetzung mit Platon) verschwiegen zugunsten einer allgemeiner gehaltenen Betonung der „melancholisch-skeptischen Kritik am Künstlertum überhaupt ..." (27/8), die im ‚Tod in Venedig' beabsichtigt war:

> „Ich war wohl heimlich auf der Suche nach neuen Dingen, als ich Sommer 1911 den Lido von Venedig besuchte. Dort kam eine Reihe kurioser Umstände und Eindrücke zusammen, um in mir den Gedanken zu jener Erzählung keimen zu lassen, deren Titel mit dem Namen der Lagunenstadt verbunden ist. ‚Der Tod in Venedig' war als rasch zu erledigende Improvisation [...] gedacht; aber die Dinge haben ihren eigensinnigen Willen [...] Die Geschichte des würdig gewordenen Künstlers von Aschenbach wuchs sich aus [...]
> Ursprünglich hatte ich ganz etwas anderes machen wollen. Ich war von dem Wunsche ausgegangen, Goethes Spätliebe zu Ulrike von Levetzow zum Gegenstand meiner Erzählung zu machen, die Entwürdigung eines hochgestiegenen Geistes durch die Leidenschaft für ein reizendes, unschuldiges Stück Leben darzustellen [...] Damals hatte ich es nicht gewagt, die Gestalt Goethes zu beschwören, ich traute mir die Kräfte nicht zu und kam davon ab. Ich schuf mir einen modernen Helden, einen Helden des zarten Typs [...], einen *Helden der Schwäche* also, der am Rande der Erschöpfung arbeitet und sich das Äußerste abgewinnt, kurz: einen Helden vom Schlage des von mir selbst so getauften ‚Leistungsethikers'. Äußerlich trägt dieser Gustav von Aschenbach die Züge Gustav Mahlers, des großen österreichischen Musikers, der damals gerade als schwerkranker Mann von einer amerikanischen Konzerttournee zurückgekehrt war; und sein fürstliches Sterben in Paris und Wien, das man in den täglichen Bulletins der Zeitungen schrittweise mit-

erlebte, bestimmte mich, dem Helden meiner Erzählung die leidenschaftlich strengen Züge der mir vertrauten Künstlerfigur zu geben. Wieder war mein Thema der verwüstende Einbruch der Leidenschaft, die Zerstörung eines geformten, scheinbar endgültig gemeisterten Lebens, das durch den ‚fremden Gott', durch Eros-Dionysos entwürdigt und ins Absurde gestoßen wird. Der Künstler, dem Sinnlichen verhaftet, kann nicht wirklich würdig werden: diese Grundtendenz bitter melancholischer Skepsis gegen alles Künstlertum kommt in dem (Platons Dialogen nachgeformten) Bekenntnis zum Ausdruck, das ich dem schon vom Tode gezeichneten Helden in den Mund legte. Dies ist eine sonderbare moralische Selbstzüchtigung, durch ein Buch, das selbst, mit absichtlicher Ironie, in seinem Vortrag, seiner Prosa jene Würden- und Meisterhaltung zur Schau trägt, die darin als Lüge und Narrentum gebrandmarkt wird. Die melancholisch-skeptische Kritik am Künstlertum überhaupt unter dem moralischen und menschlichen Gesichtspunkt [...] wird im ‚Tod in Venedig' auf einen Höhepunkt getrieben; und zugleich werden die pädagogischen Ansprüche gegeißelt, die sich etwa ins Künstler-Selbstgefühl einschleichen sollten."
(On Myself. Vortrag am 2. und 3. 5. 1940 vor Studenten der Universität Princeton, hg. v. H. Wysling in: Blätter der Thomas-Mann-Gesellschaft Zürich Nr. 6/1966, S. 19 f.)

Erich Heller: „Tragische Allegorie der Kunst"

Unter dem thematischen Aspekt der Künstlerproblematik gibt Erich Heller in seinem Buch über Thomas Mann, den „ironischen Deutschen", eine Interpretation der Novelle (S. 102–125). Er sieht in der Friedhofsszene, der Wanderergestalt und der Urweltvision des ersten Kapitels schon die gesamte Handlung vorgeprägt und faßt das Ganze folgendermaßen zusammen:

„So endet in der verdichtenden Vorwegnahme der ersten Seiten die Geschichte Gustav von Aschenbachs. Er, der klassische Schriftsteller seines Landes, der dem Abgrund abgeschworen hat und einen Pakt mit Apollo eingegangen ist, entschlossen, seine Kunst ganz in den Dienst der Vermenschlichung des Menschen zu stellen, geht, ohne es zu wissen, auf die Suche nach Dionysos und stirbt in seiner Umarmung. Wie der Bote des Todes zurückkehren

wird, so auch das üppige Chaos, und immer enger wird das Bündnis zwischen dem Tod und dem chaotischen Quellreich des Lebens, und unwiderstehlich mächtig im Angriff auf die disziplinierten Formen des menschlichen Geistes. Da aber die disziplinierten Formen der Kunst nicht sein können, es sei denn, daß sie genährt würden vom dunklen Grund aller Schöpferkraft, ist ‚Der Tod in Venedig' Thomas Manns erste tragische Allegorie der Kunst."
(Heller, S. 111/2)

Heller beschließt seine Interpretation mit der Bemerkung:

Das „Werk eines Moralisten"

„Wohl mag man fragen, ob das paradoxe Unterfangen, der Kunst durch die Kunst den Prozeß zu machen, verdient, ernst genommen zu werden. Spricht Keats (John Keats, englischer Dichter, 1795–1821) nicht von der Harmlosigkeit der Kontemplation, auf welche alle Kunst hinausläuft? Nichts dergleichen aber läßt sich vom ‚Tod in Venedig' sagen. Denn wie vertraut man auch sei mit dem logisch oft so absurden Gebaren der Kunst, mit der oft zur perversen Selbstgefälligkeit ausartenden Gabe der Künstler, ernst zu spielen, den Ernst zu spielen, und also zuletzt ernster zu sein im Spiel als im Ernst, so ist der ‚Tod in Venedig' doch das Werk eines Moralisten, der sich mit seinem Künstlertum moralisch abmüht ..."
(Heller, S. 125)

Die literatursoziologische Fragestellung von Lukács

Der Philosoph Georg Lukács (1885–1971), der Begründer der literatursoziologischen Betrachtungsweise, geht an das Werk mit der Frage heran, aus welchen gesellschaftlichen Entstehungsbedingungen und historischen Zusammenhängen es zu verstehen sei. Er sieht in der Figur Aschenbachs einen Typus, der beispielhaft für die „innere Verpreußung der ganzen deutschen Intelligenz" kurz vor Ausbruch des Ersten Weltkriegs steht:

„Der Dichter Thomas Mann ist, unbewußt, vielleicht sogar ungewollt, ein tieferer und richtigerer Gesellschaftskritiker als der Denker. Er schafft nicht allzulange vor Kriegsausbruch eine Gipfelgestalt seiner erträumten preußischen ‚Haltung': den Helden der Novelle ‚Der Tod in Venedig'. Thomas

Mann tritt hier das Erbe der Gesellschaftskritik Theodor Fontanes an, er erweitert sie jedoch zur Kritik der inneren Verpreußung der ganzen deutschen Intelligenz. Und er stellt dar, daß diese ,Haltung' zwar hart und starr den Menschen von der gesellschaftlichen Umwelt abschließt, ihm den Schein und die Selbsttäuschung seines inneren moralischen Gefestigtseins gibt, daß aber die kleinste Erschütterung ausreicht, um die bloß abgedrängte und künstlich niedergehaltene, aber nicht erkannte und moralisch überwundene seelische Unterwelt, das barbarische und bestialische Chaos frei zu machen: die schmutzigen Wellen dieses Chaos schlagen über seinem Haupt zusammen und brechen mühelos die Scheinbarriere der ,Haltung'

Freisetzung des Chaos

Was bei George und Rilke ab und zu, halb unbewußt, herausbricht, was Wedekind mit schauderndem Entzücken verherrlicht, was Heinrich Mann in offener Polemik anprangert, siegt hier über den letzten Versuch des größten Schriftstellers der Periode, es mit inneren, seelischen, von der Gesellschaft losgelösten, undemokratischen, nur innerlich moralischen Mitteln zu bewältigen. Die ,Sekurität' des Wilhelminismus erweist sich als eine dünne Erdschicht, unter der der ungebändigte Vulkan der Barbarei, das moralische Chaos, jederzeit zum Ausbruch bereit, brodelt."
(Lukács S. 190 f.)

Wie bei Aschenbach – meint Lukács – habe bei der gesamten wilhelminischen Intelligenz der ,Abgrund' die dünne Oberfläche von ,Haltung' ,Geist' und ,Bildung' hinweggespült. Der Erste Weltkrieg ist ihm Beleg dafür. In seiner Monographie über Thomas Mann hat Eberhard Hilscher die Figur Aschenbachs nicht – wie Lukács – als Beispiel der „inneren Verpreußung" gesehen, sondern vielmehr als Exempel für die ,Dekadenz', den sittlichen Niedergang, des „friderizianischen" Leistungsmenschen. So wird Aschenbach für ihn repräsentativ für die Auflösung des „bürgerlichen Ordnungsgefüges":

Aschenbach als Exempel der Dekadenz

„Bevor sich das im Titel umschriebene Schicksal buchstäblich an Gustav von Aschenbach erfüllt, begegnet ihm der Tod bereits in fünffacher Gestalt. Es ist der Tod, der ihm auf einem Spaziergang in München mit gekreuzten Füßen, Attributen des

Weitherseins, und rotschopfig gegenübersteht und eine seltsame Reiselust in ihm erweckt. Abermals grinst ihm der Tod aus den Physiognomien eines ziegenbärtigen Schiffseigners und des fremdartigen Gondoliere entgegen, die ihn nach Venedig übersetzen – in Charons Barke. In der Lagunenstadt spielt der Tod zu frechen Bänkelsgesängen Gitarre, und schließlich winkt dem Reisenden der Totenführer Hermes in Tadzios lieblicher Personifikation.

Äußerlich hat Thomas Mann all diese Vorgänge nüchtern erklärt, doch durch mythische Bilder und Anspielungen, die weitgehend E. Rohdes *Psyche*-Buch und Homers *Odyssee* verpflichtet sind, gab er dem realen Geschehen eine geheime Bezüglichkeit. Aschenbach scheint als Mensch und Künstler an einem Punkte angelangt zu sein, an dem er Verfall und Tod nicht mehr entrinnen kann. Die jahrzehntelang geübte ‚Meisterhaltung' seines literarischen Ästhetizismus erweist sich als krank und unfruchtbar, als es gilt, sich im Leben zu bewähren. Anfangs versucht Aschenbach, seine Neigung zu dem schönen Knaben Tadzio zu stilisieren, sie im Platonischen und Musikalischen zu halten, gleichsam aus dem Namen ein ‚Adagio' herauszuhören und dem spielenden Eros zuzuschauen. Sprachlich äußert er sich hier in griechischen Hexametern und germanischen Stabreimen. Doch: ‚Wer die Schönheit angeschaut mit Augen …' Die heftige Leidenschaft, die sich am Ende in wilden dionysischen Träumen spiegelt, läßt sich bald nicht mehr verleugnen.

Das Grundmotiv in Thomas Manns Erzählkunst

Es klingt hier ein ‚Grundmotiv' in Thomas Manns Erzählkunst an, auf das er selbst aufmerksam machte: Immer wieder vollzieht sich der ‚Einbruch der Leidenschaften' in ein bislang behütetes Leben. Das läßt sich vom kleinen Herrn Friedemann über Mut-em-enet bis zur ‚Betrogenen' beobachten – und eben auch bei Gustav von Aschenbach, dessen Enthemmung gleichsam psychoanalytisch erfaßt wird, der seine Würde allmählich verliert und den barbarisch-inhumanen Aspekt seines Ästhetizismus offenbart. Um dem geliebten Knaben nahe bleiben zu dürfen, verschweigt er seine Kenntnis vom Ausbruch der Cholera in Venedig und setzt dadurch selbstsüchtig das Leben zahlloser Badegäste (und auch das Tadzios) aufs Spiel. Ein perverses Gefühl hat sein ‚zuchtvolles' Denken völlig überspült, fiebernd kostet er die ‚Wollust des Unterganges' (S. 62), die ‚Vorteile des Chaos' (S. 61). Und damit kommt die furchtbare Lüge seines Daseins

Aschenbach „von der Dekadenz erwählt“

zutage. Zeitlebens hatte er sich moralisch gerechtfertigt und gestärkt gefühlt, weil er glaubte, das Schwere, Leidvolle bewußt und heroisch gewählt zu haben mit dem Ziel der Vervollkommnung. Nun erkennt er seine Illusion. *Er hatte gar nicht gewählt, sondern er war von der Dekadenz erwählt worden.* Durch Negierung konnte er sie nicht bezwingen. ‚Seine Moral und seine Strenge, seine Haltung und seine Leistung waren keine Überwindung des Verfalls, sondern eine Verschleierung'.
In Gustav von Aschenbach hat Thomas Mann prophetisch ein Stück deutsche Entwicklung gestaltet. Er schildert das Scheitern eines friderizianischen Leistungs-Pathetikers und preußischen Durchhalte-Moralisten, enthüllt die Nachbarschaft von Ästhetizismus und Barbarei, die Entfesselung dunkler Leidenschaften im bürgerlichen Ordnungsgefüge.“
(Hilscher, S. 50–52)

Vorausweisender Charakter der Novelle

Daß „Thomas Mann prophetisch ein Stück deutscher Entwicklung gestaltet“ hat (52/53), bezieht sich auch auf jene Stelle im zweiten Kapitel, wo Aschenbach sich gegen den „unanständigen Psychologismus der Zeit“ und den „moralischen Zweifelsinn“ einer Literatur wendet, die „Sympathie mit dem Abgrund“ hat, alles verstehen (und damit verzeihen) möchte. Dagegen tritt Aschenbach in seiner Schriftstellerei mit einem „Wunder der wiedergeborenen Unbefangenheit“ auf (S. 15). Thomas Mann hat 1938 in einem Brief selbst erkannt, daß sich darin schon ein Anzeichen der nationalsozialistischen Ablehnung ‚entarteter Kunst' sehen läßt:

Moralische Vorbereitung des Faschismus

„[...] Der Held, Aschenbach, ist ein Künstler-Geist, den aus dem Psychologismus und Relativismus der Jahrhundert-Wende nach einer neuen Schönheit, einer Vereinfachung der Seele, einer neuen Entschlossenheit, nach der Absage an den Abgrund und nach einer neuen menschlichen Würde jenseits der Analyse und selbst der Erkenntnis verlangt: Das waren Tendenzen der Zeit, die in der Luft lagen, lange bevor es das Wort ‚Faszismus' gab, und die in der politischen Erscheinung, die man so nennt, kaum wiederzuerkennen sind. Doch haben sie geistig gewissermaßen damit zu tun und haben zu seiner moralischen Vorbereitung gedient. [...]“

Thomas Mann an Agnes E. Meyer, 1938. (Zitiert nach: Dichter über ihre Dichtungen. Thomas Mann. Hrsg. von Hans Wysling. S. Fischer Verlag, Frankfurt a. M. o. J., S. 437)

Die „neue Entschlossenheit“ der Nationalsozialisten

Wenn Thomas Mann schon in seinen Arbeitsnotizen die Hauptlinie der Novellenhandlung so skizziert, daß Aschenbach „aus antianalytischem Zustande ... in diese Leidenschaft“ gerate und in ihr seine Würde verliere (vgl. S. 72), so gemahnt das schon an den ‚Abgrund‘, in den das deutsche Volk durch seine „neue Entschlossenheit“ (Brief Zeile 4) geraten sollte, als der Nationalsozialismus seine Herrschaft antrat und der Autor der Novelle in die Emigration gehen mußte.

Die Verfilmung des Stoffes

Leistung des Erzählers

Ein Vergleich mit dem 1970, also 15 Jahre nach Thomas Manns Tod, entstandenen Film kann deutlich machen, worin die Leistung des auktorialen Erzählers (vgl. S. 52) besteht, der die Geschehnisse aus der Sicht Aschenbachs wiedergeben und sie zugleich aus einer anderen Sicht kommentieren kann, worin auch der Vorteil einer Führung des Lesers auf zwei unterschiedlichen Erzählebenen gegeben ist (vgl. S. 54 ff.), durch die ein übergreifender Bedeutungszusammenhang hergestellt wird.
Ein Filmkritiker faßt seinen Eindruck folgendermaßen zusammen:

Inhalt des Films

> „Morte a Venezia/Regie und Buch: Luchino Visconti/Kamera (Farbe): Pasquale de Santis/Musik: Gustav Mahler (3. und 5. Sinfonie)/Darsteller: Dirk Bogarde, Björn Andresen, Silvana Mangano/Produktion: Alfa (Italien) 1970/Verleih: Warner/Länge: 130 Min.
> Ein schmächtiger, verkrampfter, verhemmter Mann um die Fünfzig, der seine Beine mühsam nachzieht, ein Geschlagener, an sich selbst Irregewordener, ein Hilfloser, der die auf ihn eindringende Außenwelt mit verschreckten Augen wahrnimmt, und – weil er unfähig ist, seine Unsicherheit zu verbergen – selbst vom Personal des Grand Hotel Les Bains am Lido mit schamlos herablassender Freundlichkeit empfangen wird. Ich beschreibe die Figur, um deutlich zu machen, daß dieser Gustav von Aschenbach sich prinzipiell unterscheidet von jenem herrisch straffen, in der Maske seiner unangefochtenen Autorität fast erstarrten preußischen Dichterfürsten namens Gustav von Aschenbach, der in Thomas Manns Novelle ‚Der Tod in Venedig' am Lido im Grand Hotel Les Bains absteigt. Im Groben wie in zahlreichen Details hat Luchino Visconti Thomas Manns Werk mit verblüffender Akribie in Filmbilder umgesetzt – aber die Hauptgestalt hat er dabei auf unheimliche Weise verwandelt; falls es sich noch um eine Thomas-Mann-Figur handelt, dann um Adrian Leverkühn, der hier unter dem Pseudonym Gustav von Aschenbach auftritt.

[...]
Sprache spielt in diesem Film eine geringe und lästige Rolle (ein Wortwechsel zwischen Aschenbach und Tadzio wäre ohnehin undenkbar); das Uninteressanteste, Flachste sind sicher jene Rückblenden, in denen auf Digest-Manier das Pensum Thomas Mannscher Ästhetik-Diskussion abgespielt wird. Alles Innere, was sich durch Sprache, gerade im Film, immer nur plump und umschreibend mitteilen läßt, drückt sich hier triumphal durch Musik aus: Vielleicht verdankt Visconti Gustav Mahler mehr als Thomas Mann, sicher der Musik mehr als der Literatur [...]"
(Urs Jenny in: ‚Filmkritik' 15. Jg./1971, Nr. 7 (Juli), S. 378 ff., Filmkritiker-Kooperation, 8000 München 2, Kreittmayrstr. 3)

Rolle der Sprache im Film

Visconti hat das Werk Thomas Manns schon vollständig vor sich und kann daher die Schwierigkeit, die das Medium Film mit sich bringt, weil es mehr vom Bild als vom Wort lebt, durch Rückgriff auf ein anderes, viel späteres Werk des Autors lösen: „Alles Innere" wird nun durch Musik statt – wie in der Novelle – durch Sprache ausgedrückt (22 ff.), die Figur des Adrian Leverkühn aus dem 1943–47 entstandenen Roman ‚Doktor Faustus' in die Figur Aschenbachs zurückprojiziert, die Schriftsteller-Novelle durch den Musiker-Roman verändert. Dieses Verfahren bot sich aufgrund gewisser Parallelen zwischen den beiden Werken an.

Einbeziehung des Romans „Doktor Faustus"

Im ‚Doktor Faustus' hat Thomas Mann sein Thema vom Verfall der deutschen bürgerlichen Gesellschaft am Beispiel des hochbegabten Musikers Adrian Leverkühn gestaltet, der – wie Aschenbach dem griechischen Eros-Dionysos – dem Teufel verfällt. Die Rolle, die im ‚Tod in Venedig' die antike Bildungswelt des Helden spielt, wird im Roman von der christlich-mittelalterlichen Überlieferung eingenommen. An die Stelle der Cholera, die dem Helden in der Novelle den Tod bringt, tritt im Roman die Lustseuche, die sich der Komponist bei der Hetäre Esmeralda holt. Während Aschenbach in Tadzio dem griechischen Totengeleiter Hermes begegnet, der ihm am Meeresstrand den Weg in den Tod, „ins Verheißungsvoll-Ungeheure" (S. 68) zeigt, wird Leverkühn am Ende vom Teufel ‚geholt', der ihm noch 24 Jahre reichen Schaffens gewährt, bis er in die Paralyse, das Endstadium der Syphilis, fällt. Auch hier wird das Ende durch ein Hohngelächter eingeleitet, wie es der Gitarrist in der Novelle anstimmt (S. 57): Leverkühns letztes Werk, ein Oratorium, schließt mit einem schauerlichen Höllengelächter.

Aschenbach und Gustav Mahler

Auch die Tatsache, daß Aschenbachs Züge der Physiognomie Gustav Mahlers nachgebildet sind (S. 16), mag Visconti dazu veranlaßt haben, aus dem Schriftsteller einen Musiker zu machen und die Novelle entsprechend zu verändern:

Mängel des Films

> „[...] Visconti hat die 1912 erschienene umfangreiche Novelle Thomas Manns an einigen Stellen entscheidend verändert. So ist die große Auseinandersetzung, die sich anhand des platonischen ‚Phaidros'-Dialogs über die Kunst, die Schönheit, die Pflicht und die Leidenschaft durch die ganze Novelle zieht und die nietzscheanische Polarität von Dionysischem und Apollinischem in der Kunst diskutiert, zu kurzen, unglücklich chargierten Rückblenden verkümmert, welche das Bewußtsein Aschenbachs wie versprengte Gewissensreste durchziehen. Die doppelte Erzählperspektive des Ironikers Mann schrumpfte zur einzigen Perspektive Aschenbachs. Aus dem preußisch-strengen Großschriftsteller wurde der erfolglose und vereinsamte kranke Komponist mit den Zügen Gustav Mahlers. Die ‚Esmeralda'-Episode in der Rückblende hat Visconti Thomas Manns spätem Musiker-Roman ‚Dr. Faustus' entnommen; Viscontis eigene Erfindung ist schließlich die doppelte Verwendung des Namens Esmeralda, durch den mit mythischem Anspruch Auseinanderliegendes (Zufälliges) miteinander verknüpft wird: Eines Tages spielt Tadzio im Hotel jenes Beethoven-Stück ‚An Elise', das auch die Prostituierte Esmeralda zu klimpern pflegte, wenn Aschenbach sie besuchte. Solche Verkürzungen und Ergänzungen, zu denen noch die wiederholte Verwendung Mahlerscher Musikstücke als Lautteppich gehört, auf dem sich der ganze Film mit schwermütigen Schritten der Melancholie bewegt, haben die literarische Vorlage einerseits trivialisiert und ihrer Dialektik beraubt, andererseits eine eigene erzählerische Mythologie entwickelt. [...]"

(Wolfram Schütte: Kommentierte Filmographie, in: Peter W. Jansen, W. Schütte: Luchino Visconti, München: Hanser 1975, S. 118)

Nicht ins Filmische Übersetzbares in der Novelle

Gerade an solchen Stellen der Novelle, die sich anscheinend leicht ins Filmische übersetzen lassen, wird deutlich, daß das Wichtigste nicht in das andere Medium transportiert werden kann, weil es am Worte hängt. Da heißt es z. B. in der Straßensängerszene:

„Seine Züge waren durch die Sprünge des Gauklers zu einem fix gewordenen und schon schmerzenden Lächeln verrenkt." (S. 54)

Erzähler und Regisseur

In der Novelle gehört das zu einem längeren Abschnitt, in dem die innere Situation Aschenbachs psychologisch dadurch charakterisiert wird, daß der Erzähler sie mit der Verfassung eines Menschen kontrastiert, der nicht im Rausche lebt:

„Seine Nerven nahmen die dudelnden Klänge, die vulgären und schmachtenden Melodien begierig auf, denn die Leidenschaft lähmt den wählerischen Sinn und läßt sich allen Ernstes mit Reizen ein, welche die Nüchternheit humoristisch aufnehmen oder unwillig ablehnen würde."

So erscheint die Musik gleich in doppelter Perspektive, welche die Schwierigkeit Aschenbachs erklärt, seinen Gesichtszügen das angemessene Aussehen zu geben. Der Filmregisseur läßt dagegen Dirk Bogarde, der den Aschenbach spielt, fast den ganzen Film hindurch jenes „fix gewordene und schon schmerzende Lächeln" tragen, das nun ohne den vom Erzähler benannten Zusammenhang gar keine Funktion mehr hat.
Kurz vor der entscheidenden Szene „auf den Stufen der Zisterne" hat Aschenbach, den geliebten Knaben bis zur Erschöpfung im „inneren Gewirr der kranken Stadt" verfolgend (S. 64), plötzlich die Spur der Polen verloren. Da heißt es:

„Sein Kopf brannte, sein Körper war mit klebrigem Schweiß bedeckt, sein Genick zitterte, ein nicht mehr erträglicher Durst peinigte ihn, er sah sich

nach irgendwelcher, augenblicklicher Labung um ..."
(S. 65)

Personale Erzählperspektive und filmisches Bild

Das alles ist aus der Perspektive des leidenden Aschenbach gesehen, vom Erzähler aber mit Hinweisen auf seine Ansteckung versehen. so daß der Leser auf den nahenden Tod des Dichters vorbereitet wird: mit dem Bild von den Harpyien, den „Windgeistern üblen Geschlechts", welche die „Speisen mit Ansteckungsstoffen" vergiften, der Bemerkung, daß der Erschöpfte „überreife und weiche" Erdbeeren kauft und ißt. Diese Einbettung der Stelle in das Gefüge der Leitmotive, mit denen die subjektive Befindlichkeit des Helden kontrastiert, der ja nicht ahnt, daß er nur noch „einige Tage" (S. 66) zu leben hat, kann der Film kaum wiedergeben. Visconti macht aus der subjektiven Befindlichkeit des Helden einen objektiven Zustand mit rotem Kopf, Schweiß und zitterndem Genick, der von außen betrachtet werden kann, ohne den Bedeutungszusammenhang so vergegenwärtigen zu können, wie das der Erzähler tut.

Mißverständnisse Viscontis

Daß dieser Bedeutungszusammenhang von Visconti verfehlt wird, liegt aber nicht nur an den ‚Übersetzungsschwierigkeiten' von einem Medium ins andere, sondern wohl auch daran, daß der Italiener die auf die geistesgeschichtliche Situation nach der Jahrhundertwende in Deutschland zielende Geschichte nicht verstanden hat:

> „Fast alles an der Viscontischen Verfilmung verfehlt Intention und Leistung Thomas Manns. Zusätze, Weglassungen und Änderungen durch den Regisseur zerstören das Gewebe von Beziehungen, das der Novellist in feinster Kleinarbeit aufgebaut hatte. Schon der für die ‚sittliche Fabel' unentbehrliche kanonische Status Aschenbachs geht verloren. Der Komponist (Visconti hat nämlich den Helden in einen Musiker verwandelt) wird von einem hinzuerfundenen Freund in einer in jedem Sinn peinlichen Szene angeschrien, sein Werk wird bei einer Aufführung in seiner Gegenwart ausgepfiffen. Aber ohne den anfänglich unanzweifelbaren künstlerisch-gesellschaftlichen Rang Aschenbachs verliert sein Fall die für die Novelle konstitutive Ironie.

Verlust der Ironie

Verloren geht auch jeder Zusammenhang zwischen seiner Entwicklung und dem Liebesabenteuer. Entfaltet sich doch bei Thomas Mann die Liebe des Schriftstellers zu Tadzio aus der vermeintlich rein ästhetischen Bewunderung für das plastisch Schöne, die aus den bewußten Grundsätzen seiner ‚gewollten Klassizität' erwächst. Dem kann in der musikalischen Kunst, der eine der literarischen analoge Behandlung oder Verkörperung moralischer Werte nicht leicht möglich ist, nichts entsprechen. Sind diese Hauptfäden gebrochen, so fallen Fragen des Details kaum mehr ins Gewicht. Über den Verzicht auf einen noch fast naiven, knabenhaften Tadzio zugunsten eines alles andere als naiven Halbwüchsigen brauchen keine Worte verloren zu werden. Es bleibt am Ende die Schönheit Venedigs übrig, die ihre Wirkung nicht verfehlen kann." (Reed, S. 173 f.)

Zeitungsausschnitt:
Bild Gustav Mahlers (Reed, S. 111)

Anmerkungen zum Novellentext

S. 7 *„oder von Aschenbach ...“:* In der doppelten Angabe des Namens, d. h. ohne und mit Adelsprädikat, liegt bereits ein Hinweis auf die Problematik von Ruhm und Würde des Künstlers.

„gefahrdrohende Miene“: bezieht sich auf eine der außenpolitischen Krisen, die dem Ersten Weltkrieg vorangingen, vielleicht die Agadirkrise 1911

„motus animi continuus“: beständige Bewegung des Geistes; die Definition findet sich nicht bei Cicero; Thomas Mann fand sie in einem Brief Flauberts an Louise Colet vom 15. 7. 1853.

„Cicero“: 106–43 v. Chr., römischer Politiker, Philosoph und Schriftsteller; verfaßte mehrere Bücher über die Redekunst.

„das byzantinische Bauwerk“: Hinweis auf den Markusdom in Venedig

„der beiden apokalyptischen Tiere“: Gemeint sind die beiden Ungeheuer aus der ‚Offenbarung des Johannes‘ (13,1–18), die sich an die Stelle Gottes setzen und sich von den Menschen anbeten lassen.

S. 8 *„nicht ganz gewöhnliche Erscheinung“:* Der Wanderer trägt Züge des Hermes, des Dionysos, des personifizierten Todes an sich (vgl. S. 30f.).

S. 9 *„eines kauernden Tigers“:* Tiger sind die Begleiter des Gottes Dionysos, von dem die Griechen annahmen, daß sein Kult asiatischer Herkunft sei.

S. 11 *„... Friedrichs von Preußen“:* Friedrich II., der ‚Große‘, regierte Preußen von 1740 bis 1786, annektierte das österreichische Schlesien und behauptete dieses im ‚Siebenjährigen Kriege‘ (1756–63) gegen eine europäische Koalition aufgrund seiner Fähigkeit des ‚Durchhaltens‘.

„Romanteppich“: Das Teppich-Bild – eine antike Metapher – bringt in der Literatur um 1900 wiederholt die Fülle und Ineinanderverwobenheit des menschlichen Lebens zum Ausdruck

„naive und sentimentalische Dichtung“: Die Grundgedanken der Schillerschen Schrift lassen sich so zusammenfassen:

> Die Dichter sind überall, schon ihrem Begriffe nach, die *Bewahrer* der Natur. Wo sie dieses nicht ganz mehr sein können und schon in sich selbst den zerstörenden Einfluß willkürlicher und künstlicher Formen erfahren oder doch mit demselben zu kämp-

fen gehabt haben, da werden sie als die *Zeugen* und als die *Rächer* der Natur auftreten. Sie werden entweder Natur *sein*, oder sie werden die verlorene *suchen*. Daraus entspringen zwei ganz verschiedene Dichtungsweisen, durch welche das ganze Gebiet der Poesie erschöpft und ausgemessen wird. Alle Dichter, die es wirklich sind, werden, je nachdem die Zeit beschaffen ist, in der sie blühen, oder zufällige Umstände auf ihre allgemeine Bildung und auf ihre vorübergehende Gemütsstimmung Einfluß haben, entweder zu den *naiven* oder zu den *sentimentalischen* gehören.

„Ein Elender“: Von Thomas Mann geplante Novelle folgenden Inhalts:

„Indem der Elende die Liebe seiner Frau zu einem andern nicht nur duldet, sondern sie geradezu in dessen Arme treibt, will er sich durch die Freiheit grenzenlosen Gewährenlassens das Schicksal des großen Unbekümmerten erzwingen und sich selbst die Dornenkrone des Lachens aufsetzen. Er möchte tief sein und ist dabei bloß Hanswurst, er handelt nicht aus Tiefe, sondern um Tiefe zu erlangen.“
(Wysling, H.: Thomas Mann-Studien, Band III, Bern 1974, S. 106f.)

S. 12 *„Wertzeichen aus aller Herren Ländern“:* Vgl. Thomas Mann an Heinrich Mann am 27. 2. 1904: „Meine Post ist sonderbar buntscheckig geworden.“

„die geöffnete Hand“: Das Bild, das am Ende des dritten und des vierten Kapitels wiederkehrt, entnahm Thomas Mann einem Gespräch mit dem Schriftsteller Richard Beer-Hoffmann über Hugo von Hofmannsthal. Daß Aschenbach um seine Jugend gebracht worden war und „den Müßiggang nie gekannt hat“, verbindet ihn mit Friedrich dem Großen.

S. 14 *„am Rande der Erschöpfung“:* Vgl. Thomas Mann an Heinrich Mann am 7. 12. 1908: „Hofmannsthal war ebenfalls gerade vollständig kaputt und arbeitsunfähig, als ich in Wien war. Es ist merkwürdig wie gerade die Besten alle am Rande der Erschöpfung arbeiten.“

„Sebastian-Gestalt“: Sebastian, ein römischer Ritter, erlitt während der Christenverfolgung unter Diokletian (der 284–305 regierte) das Martyrium. Er wird als Jugendlicher dargestellt, unbekleidet, von Pfeilen durchbohrt, an einen Baum gefesselt.

S. 15 *„Psychologismus der Zeit“:* Damit ist die um die Jahrhundertwende verbreitete Auffassung gemeint, es lasse sich alles psychologisch verstehen, die natürlich eine Schuldzuweisung und eine moralische Beurteilung menschlicher Handlungen und Haltungen sehr erschwerte. Die Begriffe „Wissen“ und „Erkenntnis“ sind hier (und in der Betrachtung „auf den Stufen der Zisterne“ S. 65/6) auf dieses psychologische Verstehen und Verzeihen der Niederungen des menschlichen Lebens beschränkt. Zum Inhalt des ‚Elenden‘ vgl. oben zu S. 11.

„Und hat Form nicht ...“: Die skeptische Frage, mit welcher der Erzähler seinen Bericht von Aschenbachs Wandlung unterbricht, wird in der Schlußrede an ‚Phaidros‘ S. 66 beantwortet.

„wiedergeborene Unbefangenheit“: Formulierung aus Thomas Manns Drama ‚Fiorenza‘

S. 16 *„ewiges Zigeunertum“:* Der Ausdruck in Verbindung mit dem ‚Elenden‘ noch einmal auf S. 65. Über diese Frage hat es eine Kontroverse zwischen den Brüdern gegeben, wobei Heinrich sich zu den Bohemiens bekannt hat, während Thomas die Position Aschenbachs bezog:

„Heinrich Mann:	Thomas Mann:
Wenn vor dem Tor meiner Stadt Zigeuner aus ihrem grünen Wagen lugen, regt sich in mir etwas Brüderliches. In der ‚Jagd nach Liebe‘ läßt Heinrich Mann Akrobaten in einem ‚grünen Wagen‘ auffahren, und Ute, die Schauspielerin, fragt den überheblichsten der gaffenden Bürger, ob er denn glaube, eine wertvollere Existenz zu sein als die Leute im Wagen.	Nur ewiges Zigeunertum findet es langweilig und ist zu spotten geneigt, wenn ein großes Talent [...] die Würde des Geistes ausdrucksvoll wahrzunehmen sich gewöhnt und die Hofsitten der Einsamkeit annimmt [...]“ (S. 16)

(Wysling, H. [Hg.]: Thomas Mann, Heinrich Mann, Briefwechsel 1900–1949, Fischer Taschenbuch 1610, Frankfurt a.M. 1975., S. XV)

„dem libertinischen Puppenstande“: Formulierung aus dem Chamisso-Essay 1911: Ch. beeilt sich, „dem problematischen Puppenstande zu entwachsen, (...) wird als Meister verehrt. Nur ewige Bohemiens finden das langweilig. Man kann nicht immer interessant bleiben. Man geht an seiner Interessantheit zugrunde oder man wird ein Meister.“

„unter Mittelgröße“: Das Porträt Aschenbachs ist nach Gustav Mahlers äußerer Erscheinung gezeichnet, dessen Bild sich unter den Arbeitsnotizen findet (vgl. S. 87).

S. 17 *„Voltaire“:* Französischer Schriftsteller, 1694–1778, lebte von 1750–1753 am Hofe Friedrichs des Großen.

S. 18 *„rußig und düster“:* Von hier ab beginnt Schmutziges, Niedriges in die Erzählung hineinzuspielen, das auf der realistischen Erzählebene den Kontrapunkt zum klassischen Mythos bildet.

„Croupiergewandtheit“: Croupier = Angestellter einer Spielbank, dem die Abwicklung des Spiels obliegt.

„niemand mehr da war“: Vgl. S. 7 „Zufällig fand er den Halteplatz und seine Umgebung von Menschen leer“ (Die Szene war für den Auftritt des Todesboten freigemacht.)

„etwa als besorgte er ...“: Die Als-ob-Formulierung weist auf die Möglichkeit hin, daß Aschenbach von einer höheren Gewalt nach Venedig gebracht wird, ohne daß jedoch die realistische Erzählung unterbrochen wird.

S. 19 *„Ihm war, als lasse nicht alles sich ganz gewöhnlich an“:* An der Grenze der realistischen zur symbolischen Erzählebene bleibt in der Schwebe, ob Aschenbachs Zustand auf seinen Schlafmangel, auf das „Gefühl des Schwimmens“ (Ablegen des Schiffes) oder auf die Begegnung mit dem ‚Todesboten‘ zurückzuführen ist.

S. 20 *des schwermütig-enthusiastischen Dichters“:* August Graf von Platen (1796–1835), dessen Wunsch, ein späterer Reisender möge seine Venedig-Sonette lesen und einsehen: „Hier hat vor mir ein fühlend Herz geschlagen“, Aschenbach hier erfüllt.

„die Bäderinsel“: Der Lido, Aschenbachs ‚Bestimmungsort‘

S. 21 *„Herrlichkeit des Palastes“:* Der Dogenpalast; die „Säulen“ tragen das Standbild des Hl. Theodorus und den Löwen des Hl. Markus; der „Märchentempel“ ist der Markus-Dom.

„Au revoir, excusez ... bon jour“: Auf Wiedersehen, entschuldigen Sie, guten Tag!

S. 22 *„auf dem nachgiebigen Element“:* Das Wasser dient als Metapher für Willensschwäche

S. 23 *... ein Mann von ungefälliger, ja brutaler Physiognomie“:* Der Gondolier spielt auf den griechischen Fährmann Charon an, der die Seelen über den Unterweltfluß in das Totenreich bringt und dafür den Pfennig bekam, den man den Verstorbenen unter die Zunge legte. Darauf weist seine Bemerkung hin: „Sie werden bezahlen.“

S. 24 *„Haus des Aides“:* Archaische Schreibung für „Hades“; sein Haus ist im griechischen Mythos das Reich der Toten.

S. 26 *„Dornauszieher“.* Antikes Bronzebildwerk eines sitzenden Knaben, der sich einen Dorn aus der Fußsohle zieht (Rom, Konservatorenpalast)

S. 29 *„Kleiner Phäake“:* Phäaken, ein sorgenfreies Volk, bei Homer auf der Insel Scheria (viell. = Korfu) angesiedelt. Der Vers steht in der Odyssee VIII 249.

„... ja erschrak über die wahrhaft gottähnliche Schönheit“: Die Formulierung stammt aus Platons Dialog ‚Phaidros‘ (250 A) und kehrt auf S. 43 wieder.

„rúhte die Blüte des Haúptes“: Der Satz bildet einen Hexameter.

S. 31 *„zwei melodische Silben“:* In einem Brief vom 2. 7. 1911 aus Paris erfuhr Thomas Mann, daß es sich um den Vokativ ‚Tadziu‘ des polnischen Vornamens ‚Tadeusz‘ (lat. (Judas) Thaddäus, einer der Apostel) handeln müsse und die deutsche Entsprechung ‚Tadzio‘ sei (Arbeitsnotiz Nr. 3).

S. 32 *„Dir aber rat ich“:* Worte des Sokrates zu Kritobulos in Xenophon, Memorabilien I 3, wo die Wirkungen des Kusses mit dem Biß der Tarantel verglichen werden

S. 33 *„im Geiste das Schöne zeugt“:* Der Ausdruck geht auf Platon, Gastmahl 208 A/B zurück; „der die Schönheit hat“ stammt aus Phaidros 251 E.

S. 36 *„die Piazetta“:* Der Platz am Wasser vor dem Dogenpalast

„Rialto“: Brücke über den ‚Canale grande‘, die auf dem Wege zum Bahnhof passiert wird

S. 38 *„vom Schicksal umgewandt“:* Vgl. „Es fügte sich, daß im selben Augenblick Tadzio ... hereinkam“ (bei ihm zu bleiben, ist der geheime Wunsch Aschenbachs)

„Pas de chance, monsieur“: Kein Glück, mein Herr!

S. 39 *„der Gott mit den hitzigen Wangen“:* Der griechische Sonnengott Helios, der mit Apollon gleichgesetzt wurde

S. 40 *„ins elysische Land“:* freie Wiedergabe der Verse Homer, Odyssee IV 563–569 im Rhythmus des Hexameters.

S. 41 *„nicht ohne ein frohes Erschrecken“:* Vgl. „erstaunte dieser aufs neue, ja erschrak“ S. 29; das ist nach Platon, Phaidros 250 A die Wirkung des Schönen auf den Betrachter.

„Muscheln, Seepferdchen ...“: Auch dieser Satz bildet einen Hexameter.

S. 42 *„Standbild und Spiegel geistiger Schönheit“:* Der Ausdruck entspricht dem platonischen Gedanken, daß irdische Schönheit ‚Abbild‘ und ‚Gleichnis‘ der Idee des Schönen sei (Phaidros 249 D ff.)

„Stand nicht geschrieben“: Die folgenden Ausführungen gehen auf Plutarch, Erotikos 765 A zurück.

„Der Enthusiasmierte“: Der vom Gott Begeisterte; Thomas Mann notiert auf der Grundlage von Plutarch, Erotikos 758 E in der Arbeitsnotiz (11) dazu:

> Enthusiasmus: zusammengesetzt aus en und theos, bedeutet die Einwohnung der Gottheit. Arten:

Wahnsinn (Apollo)	Kriegerisch
Bacchisch	Liebe
Musisch	

„Es war die alte Platane“: Es handelt sich um die Szenerie des Dialogs Phaidros von Platon (230 B), dessen Inhalt kurz folgender ist:

> Außerhalb Athens unter einer mächtigen Platane die sich nahe einem Nymphenheiligtum über einer Quelle wölbt, findet zwischen Sokrates und Phaidros ein Gespräch statt, dessen Hauptthema die Rhetorik ist, d. h. aber nach damaligem Verständnis die Frage nach der rechten Bildung. Der erste Teil des Dialogs umfaßt drei Reden auf den Eros. Zunächst trägt Phaidros eine Rede des Lysias vor, die Sokrates sogleich durch eine eigene überbietet. Sie ist im selben Geiste gehalten und schildert den Eros als unheilvollen Wahnsinn. In der dritten Rede erfolgt jedoch der Widerruf, indem Sokrates nun, selbst ein vom Eros Erfüllter, diesen als den göttlichen Wahnsinn feiert, der der religiösen und dichterischen Begeisterung (= Enthusiasmus) aufs engste verwandt ist. Hier hat Platon das Bild von dem Seelenwagen mit seinen beiden Flügelrossen geformt, die der ‚beste Teil‘ der Seele lenkt, und zwar aufwärts zum Ewigen, wenn er stark genug ist, das Unreine der Seele zu beherrschen.

Die hier eingefügten antiken Textstücke sind eine freie Wiedergabe von 250 A bis 252 A, gefolgt von einem Zitat aus dem Gastmahl 180 A. Die Textmontage, die Thomas Mann hier vorgenommen hat, ist auf S. 58/59 abgebildet. Die Formulierung S. 41 des Textes, daß Aschenbach beim Betrachten des „so frei sich darstellenden Körpers“ Tadzios „der Bewunderung, der zarten Sinnenlust kein Ende“ fand, zeigt, wie sehr diese Betrachtungsweise zwischen einer bewußt ästhetischen und einer bereits sinnlichen Zuwendung auf des Messers Schneide steht.

S. 43 *„Semele“:* Eine sterbliche Geliebte des Zeus, die durch den Anblick seiner unverhüllten Gottheit verbrannt wurde. Sie war die Mutter des *Dionysos*, der – als sie starb – noch nicht ausgetragen war und deshalb im Schenkel des Zeus weiterwuchs.

„Gedanke, der ganz Gefühl“: Der Passus erinnert an das ‚Rückblick‘ betitelte Venedig-Epigramm von August von Platen, dessen Verse so schließen:

> „es wird in der Seele des zärtlichen Schwärmers jedes Gefühl
> Sehnsucht, jeder Gedanke Gefühl.“

Die Verschränkung von Gedanke und Gefühl wird in den Oxymora „pulsender Gedanke“ und „genaues Gefühl“ weitergeführt.

„liebt Eros … den Müßiggang“: Ein Vers von Euripides, den Plutarch, Erotikos 757 A zitiert.

„Krisis“: Medizinischer Terminus, der den entscheidenden Höhepunkt im Krankheitsverlauf bezeichnet

S. 44 *„den troischen Hirten“:* Es ist Ganymed, der, von Zeus in Adlergestalt geraubt, zum Mundschenk der Götter wurde, Symbol der homoerotischen Beziehung.

„daß Eros im Worte sei“: Der Gedanke findet sich bei Platon, Gastmahl 195 C.

„seine kleine Abhandlung“: Es ist interessant, daß Thomas Mann in Venedig 1911 auf Briefbögen des ‚Grand Hôtel des Bains, Lido-Venise‘ den Essay ‚Über die Kunst Richard Wagners‘ geschrieben hat.

S. 45 *„‚Bestürzt‘, dachte er …“:* Zitat aus Plutarch, Erotikus 762 F

„Eos“: Griechische Göttin der Morgenröte, Schwester des Helios; bei Homer (z. B. Odyssee II 1) heißt sie die „rosenfingrige“.

S. 46 *„des Bruders heilige Renner“:* Das Gespann des Sonnenwagens, das Helios lenkt

„Rosse Poseidons“: Die Wogen (Poseidon ist der Meeresgott, bei Homer mit dem ständigen Beiwort „bläulichgelockt“)

„voll panischen Lebens“: Pan, Hirtengott in Bocksgestalt im Gefolge des Dionysos, die Flöte blasend

„Hyakinthos“: Er wurde wegen seiner Schönheit von Apollon geliebt. Aber auch Zephyros liebte ihn. Als Apollon einmal mit dem Geliebten beim Diskuswerfen war, trieb jener aus Eifersucht die Scheibe auf das Haupt des Hyakinthos hin, so daß dieser tödlich getroffen wurde.

S. 46/47 *„Seltsamer, heikler ist nichts …“:* Hier ist der Übergang von der Perspektive Aschenbachs zur distanzierten Sicht des auktorialen Erzählers besonders hart. Die mythische Verwandlung, die der Dichter an sich erfährt, wird durch den Schlußsatz des Abschnitts („… die Sehnsucht ist ein Erzeugnis mangelhafter Erkenntnis“: Sentenzenstil) als Illusion entlarvt.

S. 48 *„Lächeln des Narziß“:* Narkissos, Sohn eines griechischen Flußgottes, weist die Liebe der Echo zurück, verliebt sich zur Strafe in sein von der glatten Oberfläche einer Quelle zurückgeworfenes *Spiegelbild* und wird in die nach ihm benannte Blume verwandelt (Ovid, Metamorphosen III 341 ff.).

Es ist interessant, daß ungefähr zur Entstehungszeit der Novelle der ‚Narzißmus‘ als psychisches Phänomen von der Wissenschaft entdeckt wurde. Der Begriff taucht zum ersten Mal 1910 in Sigmund Freuds Buch über Leonardo da Vinci auf. Er spielt heute wieder in der Diskussion über Jugendprobleme eine Rolle (z.B. Thomas Ziehe: Pubertät und Narzißmus, Frankfurt am Main: Europäische Verlagsanstalt, 4. Aufl. 1981).

S. 49 *„einen süßlich-offizinellen Geruch“:* Officina, lat. = Werkstätte, ist ein alter Ausdruck für ‚Apotheke‘.

S. 50 *„Merceria“:* Ein Viertel mit Geschäftspassagen, in das man vom Markusplatz aus gelangt

S. 51 *„den Musikern Klänge eingab“:* Anspielung auf Richard Wagner, der in Venedig ‚Tristan und Isolde‘ komponiert hatte und über den Thomas Mann am Lido seinen Essay verfaßte (vgl. die Anmerkung zu S. 44).

„... spähte ungezügelter aus“: Hier endet eine Motivlinie, die von der „von jung auf geübten Selbstzucht“ (S. 10), bei der „das Gefühl gezügelt und erkältet“ war (S. 10), über die „Instinktverschmelzung von Zucht und Zügellosigkeit“ (S. 44/5) zur „völligen Trunkenheit“ (S. 52). So ist die ehemals „geknechtete Empfindung“ (S. 10) dabei, sich endgültig an dem ‚Leistungsethiker‘ zu rächen.

S. 52 *„nach der Weise der Liebenden“:* Hier werden Motive aus Plutarch, Erotikos 759 B, mit denen dort die ‚Raserei der Liebe‘ beschrieben wird, verarbeitet.

„Hatte er nicht bei den tapfersten Völkern“: Der Passus geht auf Plutarch, Erotikos 761 A f. zurück

„gereichten dem Liebenden nicht zur Schande“: Eine Stelle aus Platon, Gastmahl 182 E f.

S. 54 *„das eigentliche Talent“:* Neben seiner Bedeutung als Variation der *Leitfigur* ist der Gitarrist auch eine *Parodie* auf das Künstlertum Aschenbachs, der sich auch bald wie ein Komödiant aufführen und seine Würde verlieren wird, die dieser Musikant nie angestrebt hatte.

„Granatapfelsaft“: Der Granatapfel ist ein Todessymbol, das in der bildenden Kunst verbreitet ist.

S. 55 *„nicht venezianischen Schlages“:* Auch der Münchner Wanderer (S. 8) und der Gondoliere (S. 23) waren nicht heimischen ‚Schlages‘, d.h. die Figur ist überall, wo sie auftritt, *fremd*: Die Epiphanie des ‚fremden Gottes‘ in Aschenbachs Traum (S. 61 f.) wird so vorbereitet.

S. 57 *„daß es ansteckend wirkte“:* Die Szene hat den Charakter einer Verhöhnung des tragischen Opfers Aschenbach (dieses Motiv kehrt dann im ‚Doktor Faustus‘ wieder).

„Folgsamkeit“: Damit wird ein geistig-erzieherisches Band zwischen Tadzio und Aschenbach angedeutet, wie es nach pla-

tonischer Auffassung zwischen Liebhaber und Geliebtem bestehen soll.

S. 58 *„Urwelt und Inselwildnis“:* Vgl. die Vision Aschenbachs im ersten Kapitel S. 9

S. 59 *„Ospedale civico“:* Das Krankenhaus in der ‚Scuola Grande di San Marco‘ am Platz von San Zanipolo

S. 60 *„eine gewisse Entsittlichung“:* Die Entwicklung in der Stadt und die Demoralisierung Aschenbachs entsprechen einander, seit das „schlimme Geheimnis der Stadt ... mit seinem eigensten Geheimnis verschmolz“ (S. 50).

S. 61 „aber wer *außer sich* ist, verabscheut nichts mehr, als wieder *in sich* zu gehen“: Wortspiel aus Platon, Phaidros 250 A

S. 61/62 *„einen furchtbaren Traum“:* Die Quelle dieser Beschreibung einer dionysischen Orgie ist das 1890–94 erschienene Werk ‚Psyche. Seelenkult und Unsterblichkeitsglauben der Griechen‘. Es hat einen Freund Nietzsches, den klassischen Philosophen Erwin Rohde, zum Verfasser. Wie man heute zu dem von Nietzsche eingeführten Begriffspaar ‚apollinisch-dionysisch‘ steht, kann folgender Textausschnitt zeigen:

> „Aus heutiger Sicht stehen die beiden Gottheiten, Apoll und Dionysos, in schlagwortartiger Vereinfachung für die verweltlichten, also formalisierten Reste ihrer einstigen Machtbereiche. Das Bedürfnis nach anschaulichen Antithesen läßt sie über zwei Möglichkeiten formalen Handelns gebieten, sie rechnen also zu den immer wieder entworfenen idealtypischen Gegensatzpaaren, mit deren Hilfe das geschichtliche Geschehen auf konstante Längsachsen verpflichtet werden soll, wobei Bewertung und Benennung je vom Standort des Interpreten abhängen. Die Etiketten sind austauschbar. Apoll gegen Dionysos kann bedeuten: Ordnung gegen Chaos, Zwang gegen Freiheit, Beharren gegen Veränderung, Vernunft gegen Instinkt.
>
> Das romantisch expressive, regelsprengende Kunsturteil setzt auf die schrankenlose Dynamik, die dem Dionysischen zugesprochen wird. Der Norm mißtrauend lehnt es Ausgewogenheit und maßhaltende Selbstbegrenzung ab. Sicherlich gibt es für diese Konfliktsituation eine Fülle kunstgeschichtlicher Beweise, ja man kann wahrscheinlich mit einigem Geschick zu jeder apollinischen Form mutatis mutandis die gleichzeitige dionysische ausfindig machen. So läßt sich etwa, aus aktueller Sicht, die apollinische Form als eine autoritär-affirmative Maßnahme der Verschleierung auffassen – demnach wäre dionysisch der Gegenvollzug, der aufdeckt, was die gefaßte, geglättete Schönheit hinter ihrer Oberfläche verbirgt: die Macht der Triebe, die sich jeglicher Konvention entzieht.
>
> Das klingt überzeugend: Im Apollinischen versammeln sich Regel

und Gegensatz, im Dionysischen Anarchie und Rebellion. Damit betreten wir unversehens das Kräftefeld gesellschaftlicher Auseinandersetzungen."
(Hofmann, W.: Marsyas und Apoll, ‚Merkur' 300, 27. Jg./1973, Heft 4/5, S. 403 f.)

S. 62 *„gezogenen u-Ruf am Ende":* Mit dem gleichen Klang wird Tadzio gerufen (S. 33)
„das obszöne Symbol": Der Phallus als Zeichen der Fruchtbarkeit

S. 63 *„kosmetischen Kunst":* Aschenbach wird nun in den Zustand jenes greisen Gecken versetzt, der sich nach der Überfahrt seiner „geneigten Erinnerung" empfohlen hatte (S. 22).

S. 64 *„Windgeister üblen Geschlechts":* Gemeint sind die Harpyien aus Vergil, Aeneis III 210 ff., Mischwesen aus Vogel und Mensch; sie verderben den Menschen die Speisen wie hier die Choleraerreger die Erdbeeren.

S. 65 *„seltsamer Traumlogik":* Das Selbstgespräch Aschenbachs enthält die Antwort auf die vom Erzähler im zweiten Kapitel aufgeworfene Frage, ob „Form nicht zweierlei Gesicht" habe, nicht „sittlich und unsittlich zugleich" sei (S. 15/6).

S. 65/66 *„Denn die Schönheit, Phaidros":* Hier wird auf die gleiche Stelle aus Platons Dialog ‚Phaidros' (250 D f.) angespielt wie oben S. 43. Zunehmend aber werden die Stichwörter aus dem zweiten Kapitel aufgenommen („Meisterhaltung", „Volks- und Jugenderziehung", „Würde", „auflösende Erkenntnis", „Sympathie mit dem Abgrund", „Form und Unbefangenheit" usw.).

S. 66 *„Gefühl der Ausweg- und Aussichtslosigkeit":* Noch einmal wird auf die beiden Erzählebenen hingewiesen, die äußeren Zustände und Vorgänge und das sich an Aschenbach vollziehende Schicksal.

S. 68 *„Psychagog":* Tadzio nimmt hier die Gestalt des Gottes Hermes an, der die Seelen der Verstorbenen ins Totenreich, den Hades, zu geleiten hat.
„und wie so oft": Das Voranschweben „ins Verheißungsvoll-Ungeheure" wird aus dem Bereich des Eros (Aschenbach verfolgt Tadzio durch die Gassen Venedigs) in den Bereich des Todes übertragen. Ein Kommentar (Reed, S. 146) macht auf die Episode aus den ‚Bekenntnissen des Hochstaplers Felix Krull' aufmerksam, in der die Frankfurter Freudenmädchen den Helden „ins Verheißungsvoll-Ungewisse" winken, so, als „erwarte den Mutigen dort irgendwo ein ungeheures, nie gekostetes und grenzenloses Vergnügen". Die Novelle war ursprünglich als Einlage in diesen Roman geplant.

Worterklärungen zum Novellentext

Acheloos Flußgott, Vater der Nymphen
Aides Gott der Unterwelt
Amoretten geflügelte Kindergestalten als Begleiter des Liebesgottes Eros/Amor
apokalyptisch aus der ‚Offenbarung Johannis'
Apotheose Vergöttlichung
Aroma Geruch
Asti italienischer Weinort (Schaumwein)

balladesk wovon die Balladen künden
balsamisch wie Duftharz
Bersaglieri italienische Infanteristen
Bonnen Kindermädchen
Buffo komischer Sänger

Capannen Strandhäuschen
Clerk Angestellter
Coiffeur Friseur
Couplet Kehrreimlied mit witzigem oder zweideutigem Inhalt

Elysium Gefilde der Seligen
Epopöe Epos, Roman
exzentrisch ausgefallen

falsettierend mit Kopfstimme singend
fix starr, verkrampft
Folie Hintergrund, Unterlage
Frequenz Besucherzahl

gastrisch die Verdauung betreffend
Grille Laune, wunderlicher Einfall

Harpyie Sturmdämon in Gestalt eines vogelartigen Mädchens
hieratisch religiös zeichenhaft
Hysterie krankhafte Aufgeregtheit

inquisitiv aufmerksam forschend

Karmesin Rotton
Karmin roter Farbstoff
Kithara antikes Saiteninstrument, Leier
Kollation Frühstück
Konzession Zulassung, Erlaubnis
kreißen in Geburtswehen liegen

libertinisch freizügig, ungefestigt

Manie Leidenschaft, Besessenheit
mephitisch von ungesunder Ausdünstung
Munizipalbeamter Beamter der Stadtverwaltung

Nobilitierung Versetzung in den Adelsstand

Office Büro, Portiersloge
offizinell mit der Apotheke zusammenhängend

parisch von der Kykladeninsel Paros herstammend
Passion Leidenschaft

physiognomisch den Gesichtsausdruck betreffend
pokulieren den Becher schwingen
Polesaner Leute aus Pola (Pula) in Jugoslawien (Istrien)
Pontos Meer
Portefeuille Aktentasche
Portikus Säulenhalle
Prägnanz gedrängte Fülle
Psychagog Seelengeleiter

Räsonnement kritische Überlegung
Repliken Antworten

Scirocco heiß-feuchter Südwind am Mittelmeer auf der Vorderseite von heranziehenden Tiefdruckgebieten
Siesta (Mittags-)Pause
Suade Redefluß
Szepter Herrschaftsstab

Tenazität Widerstandsfähigkeit
transzendent die Erfahrung überschreitend

Vaporetto kleines Dampfschiff
Vasall Abhängiger, Lehnsmann
Velleität Halbheit, Unentschiedenheit
Vestibül Vorhalle
Vibrionen Pest- oder Cholerabazillen

zeremoniös vorschriftsmäßig
Zisterne unterirdisches Wasserreservoir

Weiterführende Literatur

Bürgin, Hans; Mayer, Hans-Otto: Thomas Mann. Eine Chronik seines Lebens, Fischer Taschenbuch 1470, Frankfurt am Main 1974

Eichner, Hans: Thomas Mann. Eine Einführung in sein Werk, Dalp Taschenbuch 356, 2., veränderte Auflage, Bern und München: Francke 1961

Heller, Erich: Thomas Mann. Der ironische Deutsche, suhrkamp taschenbuch 243, Frankfurt am Main 1975 (zuerst englisch London 1958)

Hilscher, Eberhard: Thomas Mann. Sein Leben und Werk, das europäische buch, Westberlin: Literaturvertrieb GmbH 1983 (zuerst Volk und Wissen, Berlin/DDR 1968)

Hofmiller, Josef: Thomas Manns Novelle ‚Der Tod in Venedig', in: Jost Schillemeit (Hg.): Deutsche Erzählungen von Wieland bis Kafka, Interpretationen Band IV, Fischer Taschenbuch 6023, Frankfurt am Main 1966

Hollweck, Thomas: Thomas Mann, List Taschenbücher der Wissenschaft, Literatur als Geschichte: Dokument und Forschung Band 1467, München 1975

Jaretzky, Reinhold (Hg): Materialien Thomas Mann ‚Der Tod in Venedig', Editionen für den Literaturunterricht, Stuttgart: Klett 1981

Koopmann, Helmut: Thomas Mann. Konstanten seines literarischen Werks, Kleine Vandenhoeck-Reihe 1404, Göttingen 1975

Lukács, Georg: Kurze Skizze einer Geschichte der neueren deutschen Literatur, Sammlung Luchterhand 194, Darmstadt und Neuwied 1975 (zuerst Berlin: Aufbau-Verlag 1953)

Martini, Fritz: Das Wagnis der Sprache. Interpretation deutscher Prosa von Nietzsche bis Benn, Stuttgart: Klett 1954, viele Auflagen (‚Der Tod in Venedig' S. 176 bis 224)

Mendelssohn, Peter de: Der Zauberer. Das Leben des deutschen Schriftstellers Thomas Mann, Erster Teil 1875–1918, Frankfurt am Main: S. Fischer 1975

Nicklas, Hans W.: Thomas Manns Novelle ‚Der Tod in Venedig', Marburg: Elwert 1968

Reed, Terence James: Thomas Mann ‚Der Tod in Venedig', Text, Materialien, Kommentar mit den bisher unveröffentlichten Arbeitsnotizen Thomas Manns, Hanser Literatur-Kommentare Band 19, München 1983

Seidlin, Oskar: Stiluntersuchung an einem Thomas Mann-Satz, in:

Horst Enders (Hg.): Die Werkinterpretation, Wege der Forschung Band XXXVI, Darmstadt: Wissenschaftliche Buchgesellschaft 1967, S. 336–348

Wiese, Benno von: Die deutsche Novelle von Goethe bis Kafka. Interpretationen, Band I, Düsseldorf: August Bagel 1957, S. 304–324